HEYNE
BÜCHER

Infoline

DORIS MÄRTIN

IMAGE-DESIGN

DIE HOHE KUNST DER SELBSTDARSTELLUNG

WILHELM HEYNE VERLAG

MÜNCHEN

HEYNE INFOLINE
22/400

3. Auflage

Originalausgabe 05/00
Copyright © 2000 by Wilhelm Heyne Verlag GmbH & Co. KG, München
http://www.heyne.de
Printed in Germany 2001
Umschlaggestaltung: Hauptmann und Kampa Werbeagentur, CH-Zug
Satz: Schaber Satz- und Datentechnik, Wels
Druck und Verarbeitung: Ebner Ulm

ISBN 3-453-17383-X

Inhalt

1 Know-how
und was sonst noch zählt

Image (engl. Zu lat. imago, ›Bild(nis)‹, ›Abbild‹, ›Vorstellung‹), das, -(s)/-s, aus der angloamerikan. Sozialforschung
stammender, v. a. im Bereich der Werbepsychologie, Motiv-
und Marktforschung verwendeter Begriff, der ein über den
Bereich des visuellen hinausgehendes Vorstellungsbild über
bestimmte Meinungsgegenstände bezeichnet.

Aus der SZ-Reihe »100 Wörter des Jahrhunderts«

»Jetzt reden wir über Image«, sagte Joschka Fischer in
der ZDF-Sendung »Was nun, Herr Fischer« (10. November
1999). »Da möchte ich nicht drüber reden. Ich rede über Substanz.« Womit der Außenminister nicht nur vielen im Lande aus
der Seele gesprochen, sondern darüber hinaus bewiesen hat,
dass er die erste Regel des Image-Design aus dem Effeff beherrscht: den Eindruck zu erzeugen, der Gedanke, Eindruck zu
machen, läge ihm fern.

Obwohl in unserer Kultur der Inszenierung Aussehen und
Auftreten eine entscheidende Rolle für den persönlichen und
beruflichen Erfolg spielen, sind die Begriffe *Image* und *Selbstdarstellung* in der Umgangssprache eher negativ besetzt. Viele
Menschen assoziieren damit Inhaltsleere, *Foul play* und Verrat
am eigenen Selbst und wollen im Zweifelsfall lieber Elefant im
Porzellanladen als soziales Chamäleon sein. Die Wissenschaft
sieht das wertneutraler: Anders als in der Alltagssprache um-
fassen die Begriffe *Image-Design* und *Selbstdarstellung* im wissenschaftlichen Gebrauch alle Verhaltensweisen, mit denen wir
unsere Wirkung auf andere beeinflussen – unabhängig davon,
ob wir aus gut gemeinten oder eigennützigen Motiven handeln.

7

Augenblick mal

Mit ihrer neutralen Definition trägt die Psychologie nicht nur der Lebenswirklichkeit, sondern vor allem den Prozessen der menschlichen Eindrucksbildung Rechnung. Die verlaufen nämlich schneller, spontaner und emotionaler, als wir wahrhaben möchten. Probieren Sie es aus: Was halten Sie davon, wenn der Webdesigner, der den Internet-Auftritt für Ihre neu gegründete GmbH entwickeln soll, Sie in Birkenstock-Sandalen und verfilzten Wollsocken empfängt? Wenn der Vorstandsvorsitzende einer deutschen Großbank einen zweistelligen Millionenverlust als »Peanuts« kommentiert? Wenn die Sprechstundenhilfe in der Tierarztpraxis kaugummikauend nach dem Krankenblatt kramt, um schließlich angesichts Ihres Neufundländers zu fragen: »Sie kommen wegen der Micky?« Oder wenn der neue Mann in Ihrem Leben Sie zum ersten Mal zum Essen einlädt und Ihnen Waldpilzsuppe aus der Tüte serviert?

Äußerlichkeiten, finden Sie, die nicht viel über die Leistung, das Verantwortungsgefühl, das Engagement, den wahren Wert eines Menschen aussagen? Oder ziehen Sie (genau wie ich) aus diesen wenigen Signalen nicht doch Ihre Schlüsse? Und stimmen Ihr weiteres Verhalten darauf ab? Mal ehrlich: Vermutlich letzteres. Denn ob wir es wollen oder nicht: Wir urteilen nach dem Augenschein. Intuitiv spüren wir auf den ersten Blick: Verbündeter oder Gegner, Freundin oder Feindin, High-Potential oder guter Durchschnitt.

Die Macht des ersten Eindrucks

Psychologen bestätigen, was die Alltagserfahrung zeigt: Zwei, drei Schlüsselreize genügen uns, um im Schnellverfahren aus der äußeren Erscheinung von Menschen auf ihre inneren Werte zu schließen. So wurde in einer ganzen Flut von wissenschaftlichen Untersuchungen nachgewiesen, dass gut aussehende Menschen von völlig Fremden meist als glücklich, erfolgreich, interessant und freundlich eingeschätzt werden. Körperliche Attraktivität allein genügt uns also oft, um einer Person alle möglichen charakterlichen Vorzüge zu unterstellen.

Diese Eigenschaftszuschreibungen oder *Attributionen* können zutreffen, müssen aber nicht. In jedem Fall beeinflussen sie, wie eine Beziehung sich weiter entwickelt. Die spontanen Ersteindrücke legen nämlich fest, wie wir unserem Gegenüber im weiteren Verlauf der Beziehung begegnen: Menschen, denen wir positive Eigenschaften zuschreiben, behandeln wir unbewusst so, dass sie unseren anfänglich guten Eindruck durch ihr Verhalten weiter bestärken können. Wir bringen ihnen Interesse entgegen, übertragen ihnen anspruchsvolle Aufgaben, sehen großzügig über kleine Pannen hinweg und schaffen so ein Klima, in dem sie ihre Fähigkeiten optimal entfalten können. Haben wir ein Gegenüber dagegen innerlich als inkompetent, uninformiert oder arrogant etikettiert, so hat der- oder diejenige nur geringe Chancen, unsere spontan gebildete Meinung zu widerlegen. Der erste Eindruck wächst sich auf diese Weise leicht zur *sich selbst erfüllenden Prophezeihung* aus.

Image als Schlüssel zum Erfolg

Eindrucksbildung ist also keineswegs immer fair und abgewogen, sondern oft das Resultat eines unvollständigen und gelegentlich verzerrten Wahrnehmungsprozesses. Schneller als Leistung und Kompetenz, Einstellungen und Verlässlichkeit es je könnten, bestimmen deshalb sichtbare Faktoren wie Auftreten und Erscheinung, Styling und Statussymbole (oder der Verzicht darauf) das Bild, das andere sich von uns machen. Eine vor einigen Jahren bei IBM durchgeführte und seither viel zitierte Studie brachte es an den Tag: Gute Leistungen zeichnen gerade mal für zehn Prozent des beruflichen Erfolges verantwortlich. Den großen Rest besorgen nach Einschätzung von IBM-Managern Image, Nimbus und Bekanntheitsgrad. Selbst wenn man unterstellt, diese Zahlen seien überzogen – eines zeigen sie allemal:

Leistung ist wie ein Konsumprodukt. Sie muss nicht nur erbracht, sondern auch ansprechend verpackt, gut sichtbar platziert und wirkungsvoll vermarktet werden.

Wenn das Image nicht stimmt

Stimmt das Image nicht, bleiben die besten Absichten und hoch gesteckte Ziele wirkungslos. Wie sehr eine ungeeignete Selbstdarstellung der inhaltlichen Arbeit im Weg stehen kann, illustrierten die Imageprobleme von Bundeskanzler Schröder nach der Regierungsübernahme: Schröders öffentlich zelebrierte Lust an Brioni-Anzügen und Sechzig-Mark-Zigarren machten es ihm in den ersten Monaten seiner Amtszeit fast unmöglich, Wählern und Parteigenossen seine Sparpolitik glaubhaft zu vermitteln – so richtig sie auch sein mochte. Der *Spiegel* umriss in dem Artikel »Die Prügel der Partei« (10. November 1999) das Problem in gewohnter Deutlichkeit: »Das Bild des gut betuchten, Zigarren qualmenden Sozialdemokraten Schröder aber verzerrte sich in den Köpfen der Genossen und offenbar auch vieler Wähler zur hässlichen Fratze des Kapitalisten. Schröder mit Cohiba – das ist der Kanzler der Bosse, wie sie auf den Bildern des Malers George Grosz zu sehen sind: kalt, rücksichtslos und ohne jede Regung für Soziales.«[1] Fazit der *Spiegel*-Redakteure: »Die Macht der Bilder hat Schröder groß gemacht, jetzt droht sie ihn zu vernichten.«[2]

Psychologisches Make-up bringt Farbe

Inhalt und Verpackung, Botschaft und Bild müssen also zusammenpassen und einander ergänzen. Das gilt im Job genauso wie im Privatleben:

• Wer den Zuschlag für die begehrte Altbauwohnung mit den schönen Stuckdecken erhalten möchte, kommt zur Wohnungsbesichtigung besser im gepflegten Stadt-Outfit als in der Motorradkluft.

- Wer innovative Netzlösungen für Steuerkanzleien und Arztpraxen anbietet, verwaltet seine Termine imagegerechter auf dem brandneuen Palmtop-Modell als in einem überquellenden Terminplaner, der schon bessere Tage gesehen hat.

- Wem daran gelegen ist, dass der Chef die Tagung in Chicago genehmigt, trägt sein Anliegen mit mehr Aussicht auf Erfolg vor, wenn der lang umkämpfte Großauftrag endlich unter Dach und Fach ist.

- Wer einen Gebrauchtwagen günstig kaufen möchte, tut gut daran, beim Besichtigungstermin die Begeisterung über den kaum gefahrenen Golf GTI-Turbo zu verbergen.

- Und wer seiner fünfjährigen Prinzessin über ihre Schüchternheit hinweghelfen möchte, ermutigt sie trotz der eigenen Zweifel: »Die anderen Kinder lassen dich bestimmt mitspielen. Geh einfach hin und sag hallo.«

Die Beispiele zeigen: Um unsere Ziele zu erreichen, ist es nicht immer ratsam, sich so zu geben, wie man sich gerade fühlt. Wer überzeugen will, muss vielmehr lernen, sein Verhalten auf die Situation und die Denkkultur seines Gegenübers abzustimmen und sich so darzustellen, wie er von anderen gesehen werden möchte. Je nach Temperament und Situation setzen wir dafür ganz unterschiedliche Mittel ein: Weiche Strategien wie ausgesuchte Kleidung, Komplimente, geschicktes Timing, angepasste Unauffälligkeit oder Appelle an die Solidarität der anderen, manchmal aber auch unfaire Taktiken wie Scheinheiligkeit, Schmeichelei, Lügen oder Drohungen.

Die Psychologie hat für die Strategien und Techniken, mit denen wir unsere Wirkung auf andere beeinflussen können, viele Namen: Image-Design, Eindruckssteuerung, Eigen-Marketing und Eindrucksmanagement. Manchmal wird das Image-Design auch sehr passend als *psychologisches Make-up* bezeichnet:[3] Wie Lippenstift, Rouge und Puder können eindruckssteuernde Strategien kleine Schönheitsfehler verbergen, Vorzüge hervorheben, uns zum Strahlen bringen und uns mehr Farbe geben. Zu dick aufgetragen dagegen würden sie zur Maske und ließen uns lächerlich und künstlich wirken. Wir verlören unser Gesicht.

Die Welt ist eine Bühne ...

Image-Design heißt, ein Bild im Auge des Betrachters entstehen zu lassen, das unserer Kommunikationsabsicht entspricht. Das geht in aller Regel nicht ohne Theatralik, Selbstinszenierung, dramaturgische Gestaltung, Erzeugen von Illusionen und manchmal auch Verstellung. Ein Beispiel:

Vorspiel. Sie haben ein Paar, das Sie kürzlich im Tanzkurs kennen gelernt haben, zum ersten Mal zu sich nach Hause zum Abendessen eingeladen. Vermutlich haben Sie sich Gedanken über das Menü gemacht, etwas Schöneres gekocht als an einem normalen Abend, ein feineres Service aufgelegt (oder ein bewusst schlichtes, um dem Abend den Anstrich der Zwanglosigkeit zu geben). Im Hintergrund spielt leise Musik, das Küchenchaos ist aufgeräumt, die Schürze gegen ein gästetaugliches Outfit vertauscht – die Bühne ist bereitet, die Kostüme sind angelegt, die Gäste können kommen.

1. Akt, 1. Szene. Wie es sich gehört, haben die Gäste Ihnen ein kleines Geschenk mitgebracht, das Sie, so schreibt es das Drehbruch vor, mit allen Zeichen der Freude entgegennehmen und auspacken. Behutsam entfernen Sie Papier und Bänder (selbst wenn Sie sie hinterher wegwerfen werden), demonstrieren Neugierde (auch wenn Sie vielleicht schon ahnen, was in dem Päckchen ist), legen Wärme in Ihre Stimme und ein Lächeln in Ihre Augen und sagen freudig überrascht: »Der neue Krimi von Donna Leon – vielen herzlichen Dank, ich bin ein absoluter Fan von Commissario Brunetti.« Dass Sie sich *Sanft entschlafen* gleich nach dem Erscheinen des Buches gekauft haben, verschweigen Sie.

Um einen guten Eindruck zu machen, ziehen wir alle Register – und wenn unsere Zuschauer und Mitspieler uns halbwegs wohlgesinnt sind, spielen sie das Spiel taktvoll mit. Kaum einem Gast wird daran gelegen sein, sich und uns durch nachbohrendes Fragen in Verlegenheit zu bringen:»Sie haben das Buch doch wirklich noch nicht gelesen? Ehrlich nicht? Sie dürfen es ruhig sagen, wir können es auch umtauschen. Ich habe extra den Kassenzettel aufgehoben.« (Gäste, die einen Umtausch einkalkulieren und darüber nicht böse sind, hätten das gleich beim Überreichen des Geschenks signalisiert.)

...und wir alle spielen Theater

Der Gedanke, Eindruckssteuerung aus der Perspektive des Theaters zu beschreiben, ist nicht neu. Er geht auf den amerikanischen Soziologen Erving Goffman zurück, der in seinem 1959 erschienenen Klassiker *Wir alle spielen Theater* der Selbstdarstellung im Alltag nachging und das Begriffssystem dafür der Theaterwelt entlehnte.

Darsteller, Darstellerin: wir alle, die wir damit beschäftigt sind, Eindrücke zu erzeugen. Ganz wichtig dabei: Goffman betrachtete den Darsteller oder die Darstellerin im typischen Fall als eine **gute Figur**,»deren Geist, Stärke und andere positiven Eigenschaften durch die Darstellung offenbart werden soll«.[4] Wahr ist allerdings auch: Unsere Vorstellung braucht, um unser Image zu fördern, keineswegs in einem nachweisbaren Zusammenhang mit unserem Charakter und unseren Fähigkeiten zu stehen. Es genügt, wenn wir mit unserem Verhalten auf unser Gegenüber sympathisch, glaubwürdig oder jedenfalls positiv wirken.

Ensemble: eine Gruppe von Darstellern, die nach außen hin als Einheit auftreten: zum Beispiel Eltern und Kinder, Chefin und Sekretärin, das Personal am Messestand oder alle an der Chefarztvisite beteiligten Ärzte, Schwestern und Pfleger.

13

Publikum, Zuschauer, Partner: die Beobachter, denen wir bestimmte Eindrücke zu vermitteln versuchen. Wobei es zwischen den Betrachtern unserer Selbstinszenierungen und dem Publikum im Theater einen wesentlichen Unterschied gibt: Im modernen Theater mit seiner Guckkastenbühne vollzieht sich das dramatische Geschehen meist so, als gäbe es die Zuschauer nicht. Bei der Selbstinszenierung werden die Zuschauer dagegen regelmäßig selbst zu Darstellern, die die Interaktion um ihre eigenen Selbstdarstellungsabsichten erweitern und möglicherweise auch gefährden.

Bühne: der Ort, wo wir unsere jeweilige Rolle spielen und der unsere Wirkung mitbestimmt, zum Beispiel unsere Wohnung, unser Büro, unser Auto oder das Restaurant, das wir für eine Besprechung vorschlagen. Goffman unterscheidet dabei zwischen der für das Publikum sichtbaren Vorderbühne (z. B. den Verkaufsräumen) und der verborgenen Hinterbühne (z. B. der Teeküche), wo die Darsteller unter sich und unbeobachtet bleiben.

Requisiten: Dinge, die unsere Selbstdarstellung unterstützen. Das können, müssen aber keine Statussymbole sein: Die Jute-Tasche ist als Statement ebenso eindeutig wie die Mercedes-S-Klasse, die Ironmade von Swatch genauso wie die fast hundertmal so teure Patek-Philippe-Uhr.

Fassade: das Zusammenspiel von Erscheinung, Verhalten und Bühnenbild, das einer bestimmten Rolle angemessen ist. Während wir beim Kindergeburtstag Apfelsaft und Hamburger anbieten, das Wohnzimmer leer räumen und allzu übermütige Gäste energisch zur Ordnung rufen, werfen wir uns beim Besuch von Geschäftsfreunden in Schale, holen einen 1989er St. Emilion aus dem Keller und die Riedel-Gläser aus dem Schrank und verbergen unser Entsetzen, wenn der umgeschüttete Rotwein die Damasttischdecke ruiniert: »Machen Sie sich keine Sorgen, das geht bei der nächsten Wäsche wieder raus.«

Starke Selbstdarsteller

Männliche und weibliche Wahnsinnskarrieristen, Power-Player und Machiavellisten praktizieren die Selbstinszenierung ganz selbstverständlich – bewusst, flexibel, pragmatisch. Sie finden schnell heraus, welche Form der Selbstdarstellung in welcher Situation angesagt ist, können gut mit Menschen umgehen, leiden kaum unter Schüchternheit und haben Spaß am Rollenspiel und am Ausleben wechselnder Facetten des eigenen Ich.[5] Es macht ihnen wenig aus, wenn private Einstellungen und öffentliches Verhalten mal nicht übereinstimmen. Mühelos spielen sie im Büro lammfromm Team, inszenieren beim Kunden Dynamik und Commitment, geben beim Elternabend den sich einbringenden Über-Vater und präsentieren den Schwiegereltern ihre Sonntagsmanieren.

Es wäre voreilig, aus diesem schnellen und effektiven Rollenwechsel den Schluss zu ziehen, geschickte Selbstdarsteller wären gewissenlose Chamäleons, die ihre Interaktionskompetenz dazu einsetzen zu blenden, zu manipulieren oder sich unfaire Vorteile zu verschaffen. Tatsächlich können starke Selbstdarsteller laut Goffman so vollständig in ihrem eigenen Spiel aufgehen, dass sie immer mehr zu dem Menschen werden, als der sie sich präsentieren.[6] Projizierter Eindruck und »wahres Ich« liegen also oft nahe beisammen beziehungsweise nähern sich einander an.

Jüngere Untersuchungen zeigen darüber hinaus: Sehr häufig wollen vorsätzliche Selbstdarsteller einfach gut mit anderen auskommen[7] oder ihr Bild von sich selbst zum Ausdruck bringen. Dazu wählen sie aus vielen möglichen Selbstbildern günstige, der Situation entsprechende aus.[8] Das fällt ihnen umso leichter, als das eigene Ich für sie wie ein facettenreicher Diamant ist, der im Licht unterschiedlicher Situationen in den unterschiedlichsten Farben schillert.

Schwache Selbstdarsteller

Im Gegensatz zu starken Selbstdarstellern tun sich schwache Selbstdarsteller mit einem bewussten und kalkulierten Eindrucksmanagement schwer. Zu ihnen gehören all die Frauen, die trotz der einschlägigen Literatur innerlich gute Mädchen geblieben sind, und die immer noch große Gruppe der ausschließlich fachlich orientierten Männer, die auf die Schlagkraft der Sachargumente und technischen Fakten vertrauen. Beiden Gruppen ist eines gemeinsam: Sie möchten um ihrer selbst, nicht um des schönen Scheins willen wahrgenommen und wertgeschätzt werden. Erfolg ja bitte, sogar sehr gern, aber auf Grund von Wissen, Engagement und Ernsthaftigkeit. Die coolen Kommunikationstechniken, das Hochglanz-Gehabe, das Rühren der Werbetrommel, die Pflege von Beziehungen überlassen schwache Selbstdarsteller am liebsten denen, die es ihrer Meinung nach nötig haben: jenen Leichtgewichten, denen es an Substanz mangelt. Statt ständig herauszuposaunen, wie toll sie sind, warten sie darauf, dass ihre menschlichen Qualitäten und fachlichen Kompetenzen für sich sprechen werden. Lieber gehen sie den steinigen Weg als den aalglatten.

Hinter dieser Weigerung zur Selbstvermarktung steht sehr oft der moralische Anspruch, das Verhalten solle das Fühlen und Empfinden möglichst genau widerspiegeln. Für schwache Selbstdarsteller, so der Psychologe Mark Snyder, »ist das Selbst *eine* Identität, die man wegen anderer Leute nicht einfach aufgibt«.[9] Bei den Technokraten unter den schwachen Selbstdarstellern kommt häufig ein Empathiedefizit hinzu: Sie können sich schlecht in andere Menschen, deren Werte, Ziele und Erwartungen einfühlen.

... sind meistens die Dummen

Auf Grund ihres unverwechselbaren Wesenskerns wirken schwache Selbstdarsteller zuverlässig, stabil und berechenbar. Allerdings achten sie in ihrer Innenorientiertheit weniger als die publikumsorientierten Selbstinszenierer auf die Signale ihrer Umwelt und lassen sich stärker von ihrer Stimmung leiten als von der Situation. Im engsten Familienkreis ist diese Haltung in der Regel unproblematisch: Familie und Freunde mögen uns ja glücklicherweise meistens trotz und mit unseren Ecken und Kanten. Trotzdem kommen wir auch privat nicht ohne Eindruckslenkung aus: Die neue Traumfrau will durch das perfekt inszenierte Wochenende beeindruckt, der griesgrämige Nachbar durch ein freundliches Lächeln besänftigt, der tobende Dreijährige mit einem Überraschungsei abgelenkt und der lernfaule Teenie mit der Aussicht auf ein neues Snowboard motiviert werden.

Erst recht unverzichtbar sind imagebildende Maßnahmen im Job: Wo immer mehr Konkurrenten, Unternehmen und politische Parteien viel Kraft und Geld in ihre Selbstinszenierung investieren, sind Sachverstand und Engagement für sich allein keine Erfolgsgarantien. Je mehr Menschen und Organisationen gezielt auf sich aufmerksam machen, desto schwerer haben es Personen, die auf ungeschminkte Natürlichkeit setzen und Profilierungschancen ungenutzt verstreichen lassen. Schlimmer noch: Wer am Smalltalk im Lift nicht teilnimmt, seine Aufregung wegen der Präsentation vor den Außendienstmitarbeitern allzu deutlich zeigt oder die Ausgaben für Erfolg signalisierende Kleidung scheut, wird trotz guter Leistungen schnell als langweilig, wenig belastbar oder nicht vorzeigbar abgestempelt.

Wissen ist Macht – auch das Wissen um die eigene Wirkung

Wer auf der Karriereleiter vorankommen will, muss also in ein imageförderliches Auftreten ebenso investieren wie in die fachliche Weiterbildung. Das gilt umso mehr, als viele Unternehmen mit hierarchischen Organisationen, gewachsenen Besitzständen und eingeschworenen Seilschaften aufräumen. Kleine, agile, sich immer wieder neu formierende Arbeits- und Projektgruppen ersetzen den vertrauten Kollegenkreis. Start-up-Firmen und externe Dienstleister treten als neue, leistungsstarke Konkurrenten auf den Plan. Extrem kurze Halbwertszeiten für Wissen und Produkte, rare Arbeitsplätze und hohe Erwartungen an die berufliche und private Selbstverwirklichung machen es für den Einzelnen notwendig, sich ständig neu zu behaupten.

Patchwork-Biografien. Der über Generationen vorherrschende Typus des vollzeiterwerbstätigen Familienernährers entwickelt sich zum Auslaufmodell. Bereits heute verdient jeder Dritte sein Geld in einem Nichtnormarbeitsverhältnis, im nächsten Jahrzehnt wird es nach einer Prognose der sächsisch-bayerischen Zukunftskommission jeder Zweite sein. Ein komplizierter Schlingerkurs zwischen Zeitvertrag und Babypause, Auslandsaufenthalt und freier Mitarbeit, McJob und Aufbaustudium wird damit zum Regelfall – funktioniert aber nur, wenn es gelingt, die eigene Arbeitskraft immer wieder erfolgreich anzubieten.

Zeitlich befristete Projekte. Egal, ob selbstständig oder fest angestellter Arbeitnehmer: Wer in Projektteams und Netzwerken arbeitet, die wechseln, sobald der Job erledigt ist, muss lernen, sich schnell Respekt und Einfluss zu verschaffen. Um herausfordernde Aufgaben übernehmen zu können, kommt es zunächst einmal darauf an, als kompetent *angesehen* zu werden.

Die neuen Arbeitnehmer-Unternehmer. In den vergangenen zehn Jahren wuchs die Zahl der Selbstständigen und Ein-Personen-Unternehmen um mehr als eine halbe Million.[10] Ihr Erfolg hängt ganz wesentlich davon ab, dass sie es schaffen, bekannt zu werden und Marketing in eigener Sache zu betreiben. Um ein Projekt oder einen Auftrag zu bekommen, müssen sie erst einmal glaubwürdig vermitteln, dass sie ihm gewachsen sind – besser und schneller als die Konkurrenz. Dabei ist die eigene Persönlichkeit der kostengünstigste und am Anfang oft einzige Werbeträger.

Unberechenbare Kunden. Die Nachfrage nach privaten und unternehmensnahen Dienstleistungen steigt. Gleichzeitig waren sich Kunden noch nie so sehr ihrer Macht bewusst wie heute: Klappt der Service nicht wie gewünscht, wird die Bank, die PR-Agentur, das Versandhaus, das Fitness-Studio, die Steuerberaterin eben gewechselt. Dienstleister, die sich langfristig durchsetzen möchten, brauchen eine hohe Frustrationstoleranz und müssen besser als bisher lernen, Kunden ungeachtet der eigenen Gefühle und Tagesform mit gleichbleibender professioneller Freundlichkeit zu begegnen.

Wirkung zeigen, um etwas bewirken zu können

Dieses Buch stellt die Techniken und Strategien vor, mit denen Sie Ihre Wirkung auf andere steuern können. Es unterstützt Sie, öfter als bisher Ihre selbstsichere, starke, zuversichtliche, gut gestylte und gut gelaunte Seite zu zeigen. Und seltener Ihre unsichere, erschöpfte, pessimistische, lustlose und nachlässige. Das setzt voraus, dass Sie Ihre Persönlichkeit entfalten und ...

... sich mit Ihrem Selbstbild und Ihrer Wirkung auf andere auseinander setzen,

... Menschen aufmerksam wahrnehmen und die Dinge auch aus der Perspektive der Personen betrachten, bei denen Sie ankommen möchten,

... die Mittel und die Dramaturgie des Image-Design kennenlernen,

... die Macht Ihrer Gefühle nutzen und die Emotionen Ihres Gegenübers lenken,

... sich durch Kommunikations- und Beeinflussungstechniken Gehör verschaffen,

... ein weitgespanntes Netz von Kontakten aufbauen,

... Erfolg signalisierende Umgangsformen automatisieren,

... Zeit und Disziplin in Ihre Erscheinung investieren,

... Begeisterung vermitteln und Sympathien gewinnen,

... von außen an Sie herangetragene Erwartungen und persönliche Vorlieben in Einklang bringen – ohne dass Sie sich dabei verbiegen,

... durch Veröffentlichungen und Pressearbeit auf sich und Ihre Ziele aufmerksam machen.

Zugegeben: Das alles kostet eine Menge Zeit, Kraft und auch Geld – Ressourcen, die Ihnen zunächst für die Erledigung Ihrer normalen Aufgaben fehlen. Dazu kommt: Nicht alle Ratschläge in diesem Buch lassen sich so leicht umsetzen, wie der Tipp, auf mehr Blickkontakt zu achten oder einen festen Händedruck einzutrainieren. Erst wenn Ihre Selbstdarstellung zu Ihren Zielen und Werten, zu Ihrer Persönlichkeit und zu den Spielregeln in Ihrem Umfeld passt, wirkt sie glaubwürdig und überzeugend. Ego, Publikum und Darstellung in Einklang zu bringen bedeutet einen herausfordernden Lernprozess, bei dem Sie zwischendurch auch immer wieder einmal Fehler machen und Rückschläge hinnehmen müssen. Dafür aber kommen Sie Ihrem Ziel, das Beste aus Ihren Fähigkeiten zu machen, ein gutes Stück näher:

Erstens: Je mehr Sie über die psychologischen Prozesse und Formen der Selbstdarstellung wissen, desto erfolgreicher werden Sie auftreten – und desto besser können Sie durchschauen, welche eindrucksssteuernden Techniken die Menschen anwenden, mit denen Sie es zu tun haben.

Zweitens: Sie brechen gewohnte Verhaltensmuster auf und erweitern Ihr Rollenspektrum. Auf diese Weise können Sie bewusster steuern, welche Seite Ihres Ichs Sie der Außenwelt präsentieren möchten. So, wie Sie Ihrem Bewerbungsschreiben das Foto beilegen, auf dem Sie sich am besten gefallen, und Schnappschüsse zerreißen, auf denen Sie glauben, schlecht getroffen zu sein.

Drittens: Sie lernen, sich nach außen so zu geben, wie es Ihrem idealen Bild von sich entspricht: selbstbewusster, souveräner, härter oder auch bescheidener, weicher, zurückhaltender. Nach und nach gleichen sich die Rolle, die man spielt, und das Ich, das man ist, einander an. So gesehen ist Eindruckssteuerung eine Möglichkeit, dem eigenen Wunschbild näher zu kommen. Die Managementberaterin Gertrud Höhler bringt es auf den Punkt: Image ist mehr als nur Darstellung; es ist »Profil gewordene Substanz«.[11]

2 *Testen Sie Ihre Wirkung*

Stephan Arkadjitsch war nun schon länger als zwei Jahre Direktor einer Verwaltungsbehörde in Moskau und hatte sich in dieser Zeit die Liebe und Achtung seiner Kollegen, Untergebenen und Vorgesetzten und aller, die mit ihm zu tun hatten, erworben. Die Haupteigenschaften von Stephan Arkadjitsch, die ihm diese allgemeine Achtung in seiner Behörde gewonnen hatten, waren erstens seine außerordentliche Nachsicht, die auf dem Bewusstsein seiner eigenen Mängel beruhte, zweitens seine durchaus liberale Gesinnung, nicht die, von der er in den Zeitungen las, sondern eine andere, die ihm im Blut steckte und bewirkte, dass er alle Menschen ohne Rücksicht auf Stand und Beruf völlig gleich und unparteiisch behandelte, drittens – und das war die Hauptsache – seine vollständige Gleichgültigkeit der Sache gegenüber, mit der er sich beschäftigte, so dass er sich nie hinreißen ließ und keine Fehler machte.

Leo Tolstoj, ANNA KARENINA

Wie ist es um Ihr Image bestellt – im Job und auch sonst im Leben? Vielleicht so: Mit Ihren knapp zwei Metern, Ihrem ansteckenden Lachen und Ihrer lässigen Art, auf Leute zuzugehen, sind Sie unübersehbar. Egal, was Sie tun, Sie tun es mit unheimlich viel Power. Man kann auf Sie zählen – der grippegebeutelte Kollege, für den Sie kurzerhand die Rufbereitschaft übernehmen, genauso wie die Patientin mit der Panik vor der Narkose. In der Gerüchteküche werden Sie bereits als der künftige Oberarzt gehandelt.

Oder so: Sie sind eine anerkannte Fachfrau auf nahezu allen Feldern des Medienrechts. In kaum zwei Jahren haben Sie mit Ihren Spezialkenntnissen die anderen ehrgeizigen Junganwälte in der Kanzlei überflügelt. Es gilt als sicher, dass Sie eher früher als später als Partnerin in die Sozietät aufgenommen werden.

Genauso gut kann es aber auch passieren, dass Ihre Leistungen gar nicht richtig wahrgenommen werden. Sie sind im Job hundertprozentig bei der Sache, verstehen sich gut mit der Chefredakteurin und übernehmen bereitwillig Interviewtermine am Wochenende. Trotzdem bleiben Ihre Themenvorschläge in der Redaktionskonferenz meist ohne Widerhall – um Wochen oder Monate später von einer anderen Kollegin erfolgreich aufgegriffen zu werden.

Der folgende Test hilft Ihnen, Ihre derzeitige Wirkung auf andere zu erforschen.

So wird der Test gemacht

Versetzen Sie sich mit etwas Fantasie in die beschriebenen Situationen. Kreuzen Sie immer die Antwort an, die am ehesten für Sie zutrifft.

Frage 1

Sie jobben am Wochenende in einem angesagten Herrenmodengeschäft. Die Partnerin eines Kunden lobt das gut sortierte Angebot und bedauert es, dass das Geschäft keine Damenbekleidung führt. Was antworten Sie?

O »Finde ich auch. Also, wenn ich der Chef wäre, hätte   **A**
   ich schon längst den leeren Laden nebenan gemietet
   und dort eine kleine, edle Damenabteilung aufgezogen.
   Aber diese alteingesessenen Geschäftsleute hier ...«

O »Das hätte uns gerade noch gefehlt – Herren sind als   **C**
   Kunden doch viel angenehmer, finden Sie nicht?«

O »Ja, das höre ich öfter. Ich persönlich finde immer sehr   **B**
   schöne Sachen in diesem neuen kleinen Laden in der
   Ludwigstraße. Aber ich werde das Thema bei der
   nächsten Teambesprechung mal anschneiden.«

○ »Ja, schade. Aber ich kann daran nichts ändern, ich   **D**
arbeite hier nur samstags.«

Frage 2

Sie hätten gerne eine Gehaltserhöhung. Wie gehen Sie vor?

○ Ich vereinbare einen Gesprächstermin mit dem Chef   **B**
und stelle ihm meine Leistungen dar.

○ Ich lasse meinen Chef wissen, dass mich vor ein paar   **A**
Tagen ein Headhunter kontaktiert hat.

○ Ich frage meine Kollegin, ob Sie meint, dass ich mit   **D**
dem Chef über eine Gehaltserhöhung reden soll.

○ Ich spreche meinen Chef mal in einem günstigen   **C**
Moment an.

Frage 3

Eine Kollegin, die Sie als ernst zu nehmende Konkurrentin empfinden, präsentiert in der Wochenbesprechung einen Vorschlag,
wie man die noch junge Event-Agentur durch eine ausgefallene
Presseaktion besser bekannt machen könnte. Wie reagieren
Sie?

○ Sie versuchen, die Idee so schnell wie möglich zu   **A**
kippen: »Das ist doch Nonsense. Völliger Blödsinn.«

○ Sie halten sich in Besprechungen meistens zurück und   **D**
hören zu, was die anderen sagen.

○ Sie halten Marketing-Aktionen für überflüssig. Ihrer   **C**
Meinung nach wird sich die Agentur wegen ihrer guten
Arbeit ohnehin durchsetzen.

○ Sie unterstützen den Vorschlag der Kollegin und erwäh-   **B**
nen, dass Sie einen Journalisten bei einer namhaften
Wochenzeitschrift kennen, der sicherlich gerne einen
Artikel über die Agentur bringen würde.

Frage 4

Sie haben nach dem Studium nicht gleich einen Job gefunden. Wie erklären Sie die Lücke beim Vorstellungsgespräch?

○ Sie sagen, dass Sie sich erst mal vom Stress der Diplom- **C**
  prüfungen erholen wollten.

○ Sie stellen die Lücke als »Phase der Neuorientierung« dar. **B**

○ Sie behaupten, bereits verschiedene Angebote erhal- **A**
  ten, aber wegen der schlechten Aufstiegschancen
  abgelehnt zu haben.

○ Sie geben zu, dass es besser gewesen wäre, die ersten **D**
  Bewerbungen schon vor den Diplomprüfungen zu
  schreiben.

Frage 5

Sie haben mit einem Kollegen zusammen die Spezifikation für das neue Großprojekt ausgearbeitet. Seit zwei Stunden steht fest, dass Sie damit den Auftrag für Ihr Softwarehaus an Land gezogen haben. Bei einem spontanen Sektumtrunk erzählt Ihr Kollege aufgedreht, wie er den Kunden von Ihrem gemeinsamen Konzept überzeugt hat. Allmählich bekommen Sie das Gefühl, dass er den Löwenanteil der Anerkennung alleine absahnt. Wie verhalten Sie sich?

○ Sie unterbrechen gutmütig und sagen: »Jetzt mach mal **C**
  halblang, Mike, ich hab' das Kind ja schließlich mitge-
  schaukelt.«

○ Sie bringen sich schleunigst selbst ins Spiel: »Ja, und **A**
  nachdem die den Köder erst mal geschluckt haben,
  habe ich Ihnen unser Sicherheitskonzept präsentiert.
  Ich konnte richtig sehen, was in deren Köpfen abge-
  laufen ist. Danach konnten die gar nicht mehr anders,
  als uns den Auftrag zu geben.

○ Sie ärgern sich, dass Ihr Kollege sich so in den Mittel-   **D**
punkt spielt, und überlegen, ob Sie ihn nach der Party
darauf ansprechen sollen.

○ Sie prosten Ihrem Chef zu, verwickeln ihn ins Gespräch   **B**
und erzählen ihm, Sie würden eine clevere Multimedia-
Studentin kennen, die gut in Ihr Entwicklungsteam passen würde. Ob Sie da mal vorfühlen sollten ...

Frage 6

In welchem der folgenden Sätze erkennen Sie Ihre Einstellung
zu Kleidung und Mode am besten wieder?

○ Für Menschen, die ich mag, würde ich das letzte Hemd   **D**
ausziehen.

○ Man sollte nie seine beste Hose anziehen, wenn man   **C**
hingeht, um für Freiheit und Wahrheit zu kämpfen.

○ Kleider machen Leute.   **A**

○ Frauen, die schwarz tragen, führen ein buntes Leben.   **B**

Frage 7

Stellen Sie sich vor, Sie sind bei einer privaten Lesung einer er-
folgreichen Krimiautorin zu Gast und kommen beim anschlie-
ßenden Buffet mit ihr ins Gespräch. Wie reagieren Sie?

○ Sie gratulieren der Schriftstellerin zu Ihrem letzten   **B**
Roman, besonders zu der raffinierten Erzählperspek-
tive.

○ Sie sagen, dass Ihre Freundin Sie zu der Lesung mit-   **C**
geschleppt hat und Sie normalerweise selten dazu
kämen, Krimis zu lesen.

○ Sie bewundern die Autorin dafür, dass Sie den Mut hat,   **D**
vor einem so großen Publikum zu lesen.

○ Sie fragen die Autorin, warum sie nur Krimis schreibt –
Ihrer Meinung nach hätte sie ohne weiteres das Zeug
für einen richtigen Roman.

Frage 8

Es ist kurz vor 17 Uhr, Sie packen gerade Ihre Sachen zusammen, da klingelt das Telefon. Ihr Chef bittet Sie, an seiner Stelle
einen für 18 Uhr angesetzten und seit langem vereinbarten Termin mit einer ziemlich anstrengenden Kundin zu übernehmen.
Wie reagieren Sie?

○ »Ok, ich übernehme das ausnahmsweise. Künftig **B**
möchte ich über solche Sonderaufgaben aber gerne
frühzeitiger informiert werden.«

○ »Mit wem? Mit der Rückert? Nein, kommt nicht in **C**
Frage, ich bin zum Squash verabredet. Bis morgen
dann.«

○ »Meinetwegen, wenn es unbedingt sein muss. Wenn **A**
Sie mir dafür in der Sache Mangold entgegenkommen.«

○ »Hm, eigentlich wollte ich noch kurz in die Stadt, aber **D**
wenn es wirklich nicht anders geht ... also gut.«

Frage 9

Ihr Partner/Ihre Partnerin hat Sie gebeten, bei der Reinigung vor-
beizufahren und den dunkelblauen Anzug rechtzeitig für den
Vortrag am Mittwochmorgen aus der Reinigung abzuholen.
Dienstagabend, kurz nach Ladenschluss, fällt Ihnen siedend heiß
ein, dass Sie die Besorgung vergessen haben. Wie erklären Sie
Ihr Versäumnis?

○ Sie gehen in die Offensive: »OK, ich hab's vergessen. – **C**
Jetzt stell dich bloß nicht so an. Du wirst ja wohl noch
was anderes als diesen dunkelblauen Anzug anzu-
ziehen haben.«

○ Sie reden sich raus: »Liebling, ich hab' es einfach   **A**
nicht mehr vor Ladenschluss geschafft. Larry Winter
hat aus New York angerufen, um die letzten offenen
Punkte mit mir durchzugehen. Könntest du nicht
vielleicht den grauen ...?«

○ Sie beteuern: »Ich weiß gar nicht, wie das passieren   **D**
konnte. Dabei hatte ich mir extra einen Zettel auf den
Schreibtisch gelegt. Es ist wirklich zu dumm ...«

○ Sie besänftigen: »Tut mir Leid, Schatz, ich bin völlig in   **B**
Gedanken an der Reinigung vorbeigefahren. Nimm
doch einfach den neuen grauen Anzug – ich finde, der
steht dir ohnehin noch besser als der blaue.«

Frage 10

Sie haben vor kurzem ein Einrichtungsgeschäft in einem alten
Speicherhaus eröffnet. Das Geschäft läuft gut an, trotzdem sind
Sie auf jeden größeren Auftrag dringend angewiesen. Jetzt hat
einer Ihrer Mitarbeiter die Kommission einer Kundin in der
falschen Farbe bestellt und ausgeliefert. Ihnen bleibt nichts anderes übrig, als die teure Schrankwand abholen zu lassen und der
Kundin das ursprünglich georderte Modell zu liefern. Ihnen entsteht ein Schaden von mehreren tausend Mark. Wie reagieren Sie?

○ Sie sagen dem Mitarbeiter vor versammelter Mannschaft   **C**
laut und deutlich die Meinung.

○ Sie erklären der Kundin die Panne mit einem Liefe-   **B**
rantenfehler. Dem Mitarbeiter sagen Sie in einem Vier-
Augen-Gespräch, er müsse sich zur Hälfte an dem Schaden beteiligen. Gleichzeitig signalisieren Sie ihm, dass
Sie seine kreativen Lösungen sehr zu schätzen wüssten.

○ Sie rufen den Mitarbeiter in Ihr Büro, lassen ihn   **A**
zwanzig Minuten warten und begrüßen ihn dann:
»Na, dann kommen Sie mal herein, Weinmann. Das ist
ja unglaublich, was Sie sich da geleistet haben. So
kenne ich Sie ja gar nicht ...«

O Sie rechnen dem Mitarbeiter den Schaden, den er   **D**
   verursacht hat, genau vor und sagen ihm, dass ein solcher Fehler jetzt in der Anfangsphase existenzgefähr-
   dend für Sie sein kann.

Frage 11

Sie sind im Freundeskreis bekannt für Ihre mit viel Liebe und
Ideenreichtum inszenierten Sylvesterpartys. Kurz vor dem Jahreswechsel bekommen Sie unerwartet einen lukrativen, aber äußerst
terminkritischen Auftrag. Die Sylvesterfeier ist in dieser Situation
ein Störfaktor. Allerdings sind die Einladungskarten längst ver-
sandt – unter anderem mit der Menükarte. Wie reagieren Sie?

O Ich lade alle wieder aus – Job ist Job, das müssen meine   **C**
   Freunde verstehen.

O Ich beauftrage einen Catering-Service mit der Zuberei-   **A**
   tung des Menüs und der Lieferung der Getränke und
   eine Floristin mit der Deko.

O Ich versuche, beides unter einen Hut zu bekommen.   **D**
   Das wird zwar sehr anstrengend, aber ich möchte meine Gäste nicht enttäuschen.

O Ich bitte ein befreundetes Paar, uns bei den Vorberei-   **B**
   tungen und Aufräumarbeiten zu unterstützen, und ver-
   sorge sie mit einem genauen Arbeitsplan.

Frage 12

Ein Kollege aus Ihrer alten Firma hat Ihnen das Programm einer
Tagung in New Orleans geschickt – zusammen mit der Notiz: »Ich
kenne ein Mitglied des Programmkomitees – die suchen noch
Vortragsredner. Wäre das nichts für dich?« Wie reagieren Sie?

O Nachdem der Vortrag akzeptiert wurde, rufen Sie   **D**
   Ihren früheren Kollegen an: »Jörg, stell dir vor, die
   haben mein Paper tatsächlich angenommen. Das habe
   ich nur dir zu verdanken.«

○ Gar nicht. Sie kannten das Programm ohnehin schon. **C**

○ Erst mal gar nicht. Wenn Ihr Vortrag akzeptiert wird, **A**
schicken Sie eine Karte aus New Orleans.

○ Sie mailen zurück: »Danke, dass du an mich gedacht **B**
hast. Die Tagung interessiert mich sehr. Ich werde auf
jeden Fall versuchen, einen Vortrag unterzubringen.«

Auswertung

Zählen Sie zusammen, wie oft Sie A, B, C oder D angekreuzt
haben. Die Auflösung finden Sie unter dem Buchstaben, den Sie
am häufigsten gewählt haben. Ergeben sich mehrere Buchstaben gleich häufig, lesen Sie bitte zunächst Auflösung E.

A Sie vermarkten sich direkt und ungeniert

Es ist weder zu übersehen noch zu überhören: Sie finden sich
gut, und das soll ruhig jeder wissen. Die Mittel der Selbst-PR liegen Ihnen im Blut. Wenn es um Ihr Standing und Ihren Einfluss
geht, ist Ihnen fast jedes Mittel recht: Sie sind in all den offiziellen und informellen Netzwerken präsent, die für Ihr Fortkommen wichtig sind. Sie umgeben sich mit prestigeträchtigen Sta-
tussymbolen. Sie achten auf Ihr Äußeres. Sie bringen Ihre Groß-
taten und gelungenen Coups publikumswirksam ins Gespräch
und gerne auch in die Presse. Und falls Ihnen jemand in die
Quere kommt, hauen Sie schon mal energisch auf die Pauke,
um Ihre Position abzusichern.

Dieses Verhalten ist allerdings nur dann erfolgsförderlich,
wenn es mit Fairness und einem Gespür für glaubwürdiges und
sympathisches Auftreten gepaart ist. Sonst kann es passieren,
dass andere sich von Ihnen an die Wand gedrängt fühlen und
Ihre Selbstgewissheit als großspurig und angeberisch empfinden. Mit ein bisschen mehr Zurückhaltung, Understatement und
Selbstironie können Sie auch bei Gesprächspartnern Punkte machen, die ein harmonisches, partnerschaftliches Klima schätzen.

Außerdem wichtig: Je offensiver Sie Ihre Leistungen vermarkten, desto mehr müssen Sie auch kritischer Betrachtung standhalten können.

B Sie vermarkten sich dezent, aber wirksam

Die Klaviatur der Selbstdarstellung ist Ihnen bestens vertraut. Dabei brillieren Sie vor allem bei den leisen, zurückhaltenden Tönen. Ihr Prinzip: Sie haben es nicht nötig, zu sagen, dass Sie gut sind – Sie zeigen es. Durch Ihre kultivierte Lebensart zum Beispiel, konzentriertes Zuhören, eine gepflegte Ausdrucksweise, edel-zurückhaltende Kleidung oder beeindruckende Kontakte. Vor allem aber wissen Sie: Indem Sie Win-Win-Situationen schaffen, bei denen beide Seiten glänzen können, tun Sie sich selbst den besten Gefallen. Das Image, das Sie anstreben, ist perfekt, professionell und modern.

Allerdings müssen Sie dabei darauf achten, nicht allzu smooth und distanziert zu wirken. Manchmal fehlt Ihrer Selbstbeherrschtheit die menschliche Wärme und Spontaneität. Um Ihren Sympathiefaktor zu erhöhen, sollten Sie Ihre Ausstrahlung deshalb ebenso bewusst pflegen wie Ihr Image. Hören Sie auf, auch noch Ihre letzten Ecken und Kanten glatt zu bügeln – sie sind ein wichtiger Teil Ihrer Unverwechselbarkeit. Erlauben Sie sich hin und wieder einen Gefühlsausbruch, wenn Ihnen ein Vorschlag allzu sehr gegen den Strich geht. Treffen Sie sich auch mal privat mit den Kollegen – zum Eishockey zum Beispiel, in bewusst lockerer Atmosphäre. Insgesamt gilt: Lassen Sie Ihren unterdrückten Seiten mehr Spielraum. Sie sind auch gut, wenn Sie nicht perfekt sind!

C Sie verhalten sich glaubwürdig und geradeheraus

Jetset-Gehabe und Anpassung kommen für Sie nicht in Frage. Sie vertreten Ihre Sache offen und geradeheraus, und wem das nicht passt, der soll es Ihnen sagen. Ein Jubelpublikum brauchen Sie ohnehin nicht: Mit Ihren hochspezialisierten Fachkenntnissen sind Sie nur schwer zu ersetzen. Mit Ihrer Natürlichkeit wirken Sie auf andere glaubwürdig, unverbildet und erfrischend anders.

Leider hat Ihre Unverblümtheit aber auch Nachteile: Sie nach Lust und Laune auszuleben hieße, Menschen vor den Kopf zu stoßen und Kunden zu vergraulen. Machen Sie sich deshalb bewusst: Nicht nur der IQ zählt, auch der EQ, die emotionale Intelligenz. Und: Auch wenn Sie fachlich noch so qualifiziert sind, brauchen Sie die Unterstützung Ihrer Kollegen. Bemühen Sie sich deshalb, einfühlsamer und diplomatischer zu reagieren und gute Manieren bewusst zu kultivieren. Keine Angst, Sie müssen sich dafür weder verbiegen noch zu sehr anpassen. Sie erweitern lediglich Ihre Kompetenz um neue kommunikative Ausdrucksformen.

D Sie verhalten sich ehrlich und bescheiden

Man kann auf Sie zählen. Im Büro und zu Hause. Sie halten den Laden am Laufen, haben immer für alle ein offenes Ohr und spüren sofort, wenn jemand in Ihrer Nähe Probleme hat. Sie finden es nicht der Rede wert, dass Sie einen gestressten Kollegen mit einer aufwändigen Internet-Recherche unterstützen, zum wiederholten Mal zusätzliche Überstunden übernehmen und auf dem Sprung ins Büro noch eben rasch das Lieblings-T-Shirt Ihrer Tochter bügeln. Dank wehren Sie verlegen ab: »Das tue ich doch gern.« Statt ständig herauszuposaunen, wie toll Sie sind, warten Sie darauf, dass Ihre Qualitäten und Kompetenzen für sich sprechen werden.

Leider interpretiert Ihre Umwelt Ihre pflegeleichte Anspruchslosigkeit meist nicht als bewundernswerte Zurückhaltung oder Bescheidenheit, sondern viel öfter als Zufriedenheit mit dem Erreichten, mangelnden Biss und fehlenden Ehrgeiz. Dazu kommt: Weil Sie gewöhnt sind, die Dinge hinzunehmen, wie sie nun mal sind, wirken Sie oft allzu angepasst. Statt Gewohntes in Frage zu stellen und neue Ideen aufzugreifen, halten Sie sich lieber an Regeln und Vorgaben. Wenn Sie die Wertschätzung bekommen möchten, an der Ihnen liegt, müssen Sie lernen, sich nach außen selbstbewusster zu geben. Überlegen Sie, was Sie können. Ergreifen Sie öfter die Initiative. Üben Sie, Nein zu sagen. Melden Sie sich in Besprechungen mutig zu Wort. Wenn Sie sich schon Zusatzaufgaben aufhalsen lassen, dann solche, die etwas hermachen. Und vor allem: Halten Sie sich nicht für besser als diejenigen, die mehr Wirbel um sich machen. Im Gegenteil, schauen Sie sich ruhig etwas von ihnen ab. Je positiver Sie sich darstellen, umso höher werden Ihre Leistungen eingeschätzt.

E Sie reagieren flexibel, je nach Situation

Sie lassen sich in keine Schablone pressen, verfügen über ein breites Rollenspektrum und nutzen unterschiedliche Ansätze, um sich zu präsentieren. Wo Ihre Stärken und Defizite liegen, erfahren Sie unter den Buchstaben, die Sie am häufigsten gewählt haben. Falls Sie überwiegend A und B gewählt haben, gehören Sie zu den starken Selbstdarstellern; falls Sie überwiegend C und D gewählt haben, betreiben Sie eher wenig Selbstdarstellung.

3   *Erkennen Sie sich selbst*

Er war beliebt. Er hätte es vorgezogen, verhasst zu sein. Ich bin zu weich, sagte er.
»So bist du nun mal«, erklärte Nedra. »Du musst es dir zu Nutze machen.«

James Salter, LICHTJAHRE

Ganz gleich, was wir tun, wir vermitteln damit etwas von unserem Selbstbild. Jeder Ohrclip, jede Handbewegung, jede Begrüßung, jede Menüwahl im Restaurant, selbst die Tatsache, dass unsere Kinder die Waldorfschule besuchen, ist unterschwellig eine Aussage: ein Signal an unsere Umwelt, wie wir uns selbst sehen, welchem sozialen Umfeld wir uns zugehörig fühlen, welchen Lifestyle wir pflegen, wie wir von anderen wahrgenommen und behandelt werden möchten.

Irgendein Image haftet uns deshalb allen an – auch denen, denen der Gedanke an eine bewusste Selbstdarstellung zuwider ist. Die Frage lautet deshalb nicht: Brauche ich ein Image? Sondern: Passt mir das Bild, das andere von mir haben? Passt es zu mir? Kann ich es leben und glaubwürdig vertreten? Befördert oder behindert es mich in meinen Zielen? Ist es noch aktuell? Oder womöglich längst verstaubt?

Von den Profis lernen

Während viele Arbeitnehmer, Freiberufler und Privatpersonen es eher dem Zufall überlassen, wie sie von anderen erlebt werden, scheuen Großunternehmen und Politiker für die Inszenierung eines professionellen Erscheinungsbildes weder Kosten noch Mühen. Gemeinsam mit Werbeagenturen und Wahlkampfmanagern schärfen sie ihr Profil, besetzen Themen und Begriffe und analysieren die Wünsche der Zielgruppe. Auf der Basis der dabei gewonnenen Daten und Erkenntnisse wird das passende Image entwickelt, das einerseits das Persönlichkeits- oder Firmenprofil widerspiegelt und andererseits eine für die Zielgruppe positive Anmutung ausstrahlt. Steht das Image, wird seine Wirksamkeit laufend überprüft und gegebenenfalls korrigiert. Die Hamburger Werbeagentur Jung von Matt beschäftigt allein für diese Aufgabe ein ganzes Team: so genannte *Effizienzer*, die überwachen, ob die Werbung der Agentur ihre Ziele erreicht, und sofort Rückmeldung geben, wenn eine Kampagne zu wenig bringt.[12]

Stärken und Schwächen analysieren

Das Vorgehen der Profis zeigt: Grundlage einer positiven Selbstdarstellung ist eine nüchterne Soll-Ist-Betrachtung. Wer sein Image verbessern oder verändern will, muss deshalb wie jede seriöse Werbeagentur »Produktforschung« betreiben: Wer bin ich? Was kann ich? Was will ich erreichen? Wo liegen meine Grenzen? Vorgefertigte Antworten auf diese Fragen werden Sie auch in diesem Buch nicht finden – aber Denkanstöße, die Ihnen helfen, Ihr Persönlichkeitsprofil zu entdecken. Ziel dieser Selbsteinschätzung ist ein knappes, klares Persönlichkeitsprofil, das der amerikanische Management-Experte William Bridges mit dem griffigen Akronym »**D.A.T.A**« bezeichnet und das Ihre **D**esires (Wünsche), Ihre **A**bilities (Fähigkeiten), Ihr **T**emperament und Ihre **A**ssets (persönlichen Aktiva) widerspiegelt.[13]

So wird die Übung gemacht:

Nehmen Sie einen Block oder ein Notizbuch und einen Stift zur Hand, und lesen Sie die folgenden Fragen und Überlegungen. Notieren Sie in Stichworten, was Ihnen spontan dazu einfällt – Gedankenfetzen, Erinnerungen, Erfolge, Komplimente, Gefühle. Wenn Sie möchten, können Sie auch das Feed-back von Menschen einholen, die Ihnen nahe stehen. Kommen Sie in den nächsten Tagen oder sogar Wochen immer wieder auf Ihre Notizen zurück, bis Sie Ihr D.A.T.A-Profil in wenigen, einprägsamen Worten auf einem viergeteilten DIN A-4-Blatt darstellen können. Dieses Profil entsteht, wenn es aussagefähig sein soll, nicht von heute auf morgen. Aber es bildet die Grundlage, die Individualität Ihrer Persönlichkeit zu erkennen und in Worte zu fassen, die richtigen Weichen zu stellen und andere besser von Ihren Fähigkeiten zu überzeugen.

Desires

Beginnen Sie mit Ihren Wünschen und Zielen. Was ist Ihnen wichtig im Leben? Was waren Ihre Kinderträume? Wo wollen Sie in zwei, fünf oder zehn Jahren stehen? Was sind Ihre Sehnsüchte und Lebensträume? Erfolg im Job? Eine glückliche Familie? Gestaltungsmöglichkeiten? Reichtum? Status? Einfluss? Unabhängigkeit? Zeit für sich und Ihre Interessen? Wofür sind Sie bereit, sich zu engagieren? Was bedeutet für Sie Lebensqualität? Sicherheit? Selbstständigkeit? Spaß? Eine beglückende Partnerschaft? Eine intakte Umwelt? Teilnahme am kulturellen Leben? Woran messen Sie Erfolg? Wie würden Sie Ihr Leben verändern, wenn Sie fünf Millionen Euro im Lotto gewinnen würden?

Kritzeln, schreiben und streichen Sie solange auf Ihrer Liste herum, bis Sie in wenigen Stichworten sagen können, wie Sie beruflichen, privaten, persönlichen und gesellschaftlichen Erfolg für sich definieren. Fragen Sie sich in diesem Zusammenhang auch, wie Sie Ihren Lebenszielen einen Schritt näher kommen können. Den Job wechseln? Ein drittes Kind bekommen? Konsequent sparen? Das Abitur nachholen? Sich endlich mit Ihrem Bruder aussöhnen? Ein betriebswirtschaftliches Aufbaustudium in Angriff nehmen? Einem beruflich nützlichen Netzwerk beitreten? Mehr Zeit mit Ihrer Familie verbringen? Saxophonspielen lernen? Oder einfach fünf Kilo abnehmen und zweimal die Woche eine halbe Stunde joggen? Je konkreter Sie solche Nahziele formulieren, desto besser ist die Chance, dass Sie sie auch umsetzen werden.

Abilities

Als Nächstes wenden Sie sich Ihren Talenten, Stärken und Fähigkeiten zu. Dazu gehören natürlich das Wissen und Können, das Sie durch Ihren Berufsabschluss, Arbeitszeugnisse, Preise, besuchte Kurse und Seminare oder Veröffentlichungen belegen können – sie sind Teil Ihrer *hard skills*. Damit allein ist es aber nicht getan: Germanistinnen mit Einserdiplom, routinierte Zahntechnikerinnen und hoch qualifizierte Entwicklungsingenieure gibt es schließlich zuhauf. Abschlüsse und Berufserfahrung sagen noch nichts darüber aus, wie Sie mit Ihrem Leistungspotenzial umgehen. Wenn Sie also aufgeschrieben haben: »Ich bin eine erfahrene Journalistin«, dann denken Sie einen Schritt weiter. Warum sind Sie gut in Ihrem Job? Weil Sie eine gute Zuhörerin sind und Menschen dazu bringen, mehr zu sagen, als sie eigentlich sagen wollen? Weil Sie ein Gespür haben für Geschichten, an denen etwas dran sein könnte? Weil Sie komplizierte Sachverhalte auf das Wesentliche zuspitzen? Oder weil Sie konsequent am Ball bleiben, wenn Sie sich in eine Story erst einmal verbissen haben?

Darüber hinaus sollten Sie auch nicht vergessen, dass Sie vieles können, was nichts mit Ihrem Job und Ihrer Ausbildung zu tun hat: Sie haben ein altes Bauernhaus gekauft und sind im jahrelangen Ringen mit der Denkmalschutzbehörde zur Expertin für Altbausanierungen geworden. Sie sind ein wunderbarer Koch und kennen sich mit Weinen besser aus als der ortsansässige Weinhändler. Sie haben ein Gespür für Trends: Die Optionsscheine, die Sie vor drei Monaten gegen den Rat Ihres Anlageberaters gekauft haben, sind bereits um über vierzig Prozent gestiegen; Sie sammeln schon seit Jahren Schwarzweißfotografien – lange bevor die Preise angezogen und Feuilletons und Wohnzeitschriften das Thema aufgegriffen haben.

Temperament

Jeder Mensch hat angeborene Wesenszüge, die sein Verhalten bestimmen. Die amerikanischen Psychologen Costa und McCrae fassten diese im Erbgut angelegten Eigenschaften zu fünf Grundfaktoren zusammen, den so genannten »Big Five«, mit denen sich eine Persönlichkeit beschreiben lässt: Ausgeglichenheit, Gewissenhaftigkeit, Kontaktfreudigkeit, Offenheit für neue Erfahrungen und Umgänglichkeit.[14] Das Besondere daran: Diese fünf Grundpfeiler unserer Persönlichkeit begleiten uns ein Leben lang. Wir können zwar erfolgreich an ihnen arbeiten, sie aber nicht grundlegend verändern. Weil das so ist, sollten Sie den folgenden Überlegungen besonders viel Aufmerksamkeit widmen:

Fühlen Sie sich am wohlsten, wenn um Sie herum möglichst viel Betrieb herrscht? Drei Telefone gleichzeitig klingeln? Am nächsten Wochenende zwei Feste, ein Tennisturnier und zwischendrin eine außerplanmäßige Kundenbesprechung anstehen? Oder finden Sie Trubel und Menschenmassen eher anstrengend? Ziehen Sie sich nach dem Job am liebsten in Ihr Schneckenhaus voller Bücher und CDs zurück?

Gehen Sie bei Konflikten mit dem Kopf durch die Wand oder eher den Weg des geringsten Widerstandes? Ziehen Sie Projekte diszipliniert durch oder lassen Sie lieber auch mal fünf gerade sein? Erreichen Sie für gewöhnlich Ihre Ziele – auch wenn Sie sich dafür die Nacht um die Ohren schlagen müssen? Wie reagieren Sie auf ungewöhnliche Vorschläge? Mit spontaner Begeisterung? Vorsichtig abwägend? Oder meistens zögerlich? Würden Sie sich eher als konservativ oder als innovativ charakterisieren? Könnten Sie Bäume ausreißen vor Energie? Oder müssen Sie manchmal Ihre letzten Kräfte mobilisieren, um Ihre Ziele zu erreichen?

Und schließlich: Wie gehen Sie mit Ihren Gefühlen um? Treffen Sie Entscheidungen rational oder aus dem Bauch heraus? Sehen Sie sich eher als ruhender Pol oder als Nervenbündel?

Fühlen Sie sich oft depressiv und mutlos? Neigen Sie dazu, sich und die Welt durch die rosarote Brille zu sehen?

Assets

Der Vater mit dem passenden Parteibuch, die aus Kindertagen herrührende Freundschaft mit dem Vorstand eines großen Automobilkonzerns, die Heirat mit dem Firmenerben – all das sind Vorteile, die nicht durch eigenes Verdienst erworben sind, Ansehen und Chancen aber fraglos verbessern.

Glücklicherweise gibt es aber auch persönliche Aktiva, die nichts mit Geld und Beziehungen zu tun haben, sondern mit der Fähigkeit, glückliche Zufälle durch harte Arbeit als Karrierechance zu nutzen. So erzählt der Autor Frank McCourt in seinem Roman *Die Asche meiner Mutter* seine düstere, bitterarme Kindheit im irischen Limerick nach. Die Besonderheit seiner Herkunft lieferte ihm den Stoff für einen Welterfolg. Ein anderes Beispiel: Ein früherer Chef meines Mannes brachte es innerhalb weniger Jahre zu einer großen Zahl oft zitierter wissenschaftlicher Artikel. Als einen Grund für seinen Erfolg pflegte er in gespieltem Understatment seinen Familiennamen anzuführen: Der fing nämlich mit dem Buchstaben B an und brachte ihm den Vorteil ein, dass sein Name bei gemeinsamen Veröffentlichungen fast immer an erster Stelle genannt wurde. Und wenn eine seiner Publikationen von einem anderen Autor zitiert wurde, war sie natürlich auch gleich ganz am Anfang des alphabetisch sortierten Literaturverzeichnisses zu finden.

Kommunikationsbotschaften formulieren

Sie haben bei der Beschäftigung mit Ihrem D.A.T.A-Profil festgestellt, dass Sie einen Riecher für Innovationen haben, Ihren Kollegen immer ein paar Schritte voraus sind und Ihre Meinungen temperamentvoll vertreten? Leider stoßen Sie damit auf wenig Gegenliebe: »Hirngespinste«, sagen die Kollegen und kehren kopfschüttelnd zum Tagesgeschäft zurück. Nun könnten Sie natürlich daran arbeiten, Ihre unorthodoxen Ideen für sich zu behalten und sich besser an das Team anzupassen. Damit könnten Sie Ihr Standing sicher verbessern – Ihrem Naturell aber entspräche diese Taktik nicht.

Pflegen Sie Ihre Stärken

Viel besser ist es, das, was Sie gut können, zu Ihrem Markenzeichen zu machen: Pflegen Sie doch das Image des furchtlosen Außenseiters und witzigen Polemikers, der sich traut, das Unmögliche zu denken und zu thematisieren. Nur: Statt Ihre Visionen einfach herauszuposaunen, klopfen Sie sie vorher auf ihre Machbarkeit ab. Überlegen Sie sich, welche Einwände Ihre Kollegen vorbringen werden und mit welchen Argumenten Sie dagegen halten können. Nehmen Sie die Bedenken der anderen ernst, statt sie wie bisher einfach vom Tisch zu fegen – und knüpfen Sie mit Ihren eigenen Ideen geschickt daran an. Und achten Sie auf das richtige Timing: Statt Ihr Pulver gleich am Anfang einer Diskussion zu verschießen, warten Sie erst einmal ab. Wenn die anderen sich müde geredet haben, haken Sie ein: »Nur mal angenommen: ...« oder »Sehen wir es doch mal so: ...« Das Image-Design ist geglückt, wenn Ihre Kollegen Ihre Ideen akzeptieren und Ihren Rat sogar suchen: »Hören wir doch mal, was Ben dazu meint. Manchmal sind seine verrückten Ideen ja ganz brauchbar ...«

Finden Sie Ihre Erfolgsformel

Am besten verdichten Sie Ihre persönliche Kommunikationsbotschaft zu einem einprägsamen Slogan – wie es zum Beispiel dem bayerischen Ministerpräsidenten Edmund Stoiber mit seinem Motto »Laptop und Lederhose« gelungen ist. Ihr Slogan umreißt in drei, vier Worten Ihre Hauptkommunikationsbotschaft und Ihr Selbstverständnis. Exakt und suggestiv zugleich bringt er Ihr Image-Design auf den Punkt.

Fast alle großen Unternehmen und Organisationen, aber

auch viele Länder und Kommunen arbeiten mit der Technik, ihr Programm zuzuspitzen – als Werbebotschaft an die Konsumenten, als Selbstverpflichtung, als Abgrenzung gegen die Konkurrenz:

- *Fiat*: »Leidenschaft ist unser Antrieb.«
- *Audi*: »Vorsprung durch Technik.«
- *Nokia*: »Connecting People.«
- *Das Versandhaus Manufactum*: »Es gibt sie noch, die guten Dinge.«
- *Die Stadt München*: »Weltstadt mit Herz.«

Natürlich können und wollen sich die meisten von uns nicht auf ein einziges Kerngeschäft im Leben konzentrieren. Je nach der Rolle, die Sie gerade ausfüllen, werden Sie deshalb bei Ihrer Selbstdarstellung unterschiedliche Akzente setzen. Während Sie als Regionalleiter Süd Ihre Karriere mit der Devise »Nichts ist unmöglich« vorantreiben, versuchen Sie, den Pubertätskrisen Ihrer 13-jährigen Zwillinge mir verständnisvoller Gelassenheit zu begegnen: »*Nice 'n easy does it*«. Und als Trainer der Minis im örtlichen Handballverein setzen Sie auf das motivierende Training: »Jeder Treff ein Treffer.«

Solche persönlichen Leitlinien zu formulieren ist nicht einfach – hilft Ihnen aber, sich auf Ihr Hauptkommunikationsziel zu konzentrieren und Kunden und Kollegen, Kindern, Freunden und Verwandten klare und eindeutige Botschaften zu vermitteln.

Kommunikationsbotschaften vermitteln

Unsere Kommunikationsbotschaften können noch so gut ausgedacht sein – wenn wir es nicht schaffen, sie widerspruchsfrei zu vermitteln, war die Mühe umsonst. Leider stehen wir uns bei diesem entscheidenden Schritt manchmal selbst im Weg. Ein Grund dafür sind die widerstreitenden Seelen in unserer Brust mit ihren ganz unterschiedlichen Ansichten, Wertvorstellungen und Interessen. Der Psychologe Friedemann Schulz von Thun hat für diese gegenläufigen Strömungen in uns das Modell des »Inneren Teams« entwickelt.[15] Seine Mitglieder machen unseren seelischen Reichtum aus und befähigen uns, flexibel und variabel auf Menschen und Situationen zu reagieren. Das setzt allerdings voraus, dass die Zusammenarbeit der Teammitglieder funktioniert und die Kommunikation mit der Außenwelt untereinander abgesprochen ist.

Das innere Team im Widerstreit

Judith ist seit einem Jahr Anlageberaterin bei einer renommierten Privatbank. Ihr Ziel ist es, sich einen Namen als Spezialistin für amerikanische Technologiewerte zu machen. Als sich ein Kunde im Beisein ihres Abteilungsleiters überschwänglich bei ihr für den guten Tipp mit der *Red-Hat*-Aktie bedankt, scheint sich ihre Konzentration auf Neuemissionen an der amerikanischen NASDAQ-Börse erstmals auszuzahlen. Ausgerechnet in dieser vorteilhaften Situation macht Judiths inneres Team ihr einen Strich durch die Rechnung. Statt die Gunst der Stunde zu nutzen, bagatellisiert sie ihre Leistung:

> »Ach, eigentlich bin ich durch Zufall auf die Aktie gestoßen: Der Mann meiner Freundin ist Informatiker. Für ihn kommt nur noch Linux als Betriebssystem in Frage.«

Judith hatte kaum ausgeredet, da war ihr schon klar – hier hatte mal wieder ihr inneres Schattenkabinett übernommen: Das *brave Mädchen*, das gelernt hat, nicht anzugeben und immer schön bescheiden zu sein. In unseliger Allianz mit dem *lässigen Glückskind*, das die Anstrengung hinter dem Erfolg cool herunterspielt (»Fleiß? Wie spießig.«). Gegen dieses Duo hatten die diplomatische *Außenministerin*, die auf Wirkung bedachte *PR-Frau* und die *kompetente Bankerin* in Judiths innerem Team keine Chance. Weil es an innerer Harmonie fehlte, gelang es ihr nicht, das Lob souverän zu akzeptieren und als Chance zu nutzen, ihren Abteilungsleiter auf ihre Leistungen aufmerksam zu machen.

Innere Widersacher integrieren

Geht es Ihnen auch oft so? Scheitert Ihre Selbstdarstellung regelmäßig daran, dass Sie irgendwelche inneren Störenfriede nicht im Griff haben – obwohl Sie vom Verstand her von Ihren Leistungen und Fähigkeiten überzeugt sind und sie gerne besser zur Geltung bringen würden? In diesem Fall hilft nur eines: Um der inneren Harmonie und äußeren Professionalität willen müssen Sie versuchen, die widerstreitenden Mitglieder in Ihrem inneren Team zu einer kooperativen Zusammenarbeit zu bewegen. Judith hätte Folgendes tun können: Die Situation, dass sich irgendwann ein Kunde für ihre Kaufempfehlungen bedanken würde, war angesichts der Kursrallye bei den Technologiewerten vorauszusehen. Deshalb hätte sie ihre Reaktion vorher durchdenken und die Positionen aller beteiligten Teammitglieder integrieren können:

Das brave Mädchen: »Mit *Red Hat* hatte ich wirklich Glück. Wenn Frank damals beim Mexikaner uns nicht stundenlang mit seiner Linux-Begeisterung genervt hätte, wäre ich nie so frühzeitig auf das Papier gestoßen. Wer weiß, ob mir so ein Coup so schnell wieder gelingt. Ich möchte einfach keine falschen Erwartungen wecken.«

Die kompetente Bankerin: »Klar, auf die Idee mit *Red Hat* hat mich Frank gebracht. Und seither habe ich das Papier gründlich recherchiert und die Firmenentwicklung aufmerksam verfolgt. Außerdem war die Aktie mein persönlicher Favorit, keine Anlageempfehlung der Bank.«

Die erfolgssüchtige PR-Frau: »Glück, Recherche – ist doch völlig egal. Tatsache ist: Der Tipp war für den Kunden Gold wert. Es wird Zeit, dass die Bank merkt, was sie an mir hat – und das endlich auch honoriert.«

Die Außenministerin: »Ganz gleich, warum ich die Aktie empfohlen habe – der Anleger muss wissen, dass ich den Markt solide analysiere. Entscheidungen aus dem Bauch heraus könnte er auch ohne meine Hilfe treffen.«

Das Glückskind: »Reine Psychologie, die Börse. Man muss einfach spüren, wann eine Aktie hip ist – das ist das ganze Geheimnis.«

Jetzt liegen die strittigen Punkte auf dem Tisch. Es tritt klar zu Tage: Der entscheidende innere Konflikt tobt zwischen der *erfolgssüchtigen PR-Frau*, einer relativ neuen Mitarbeiterin in Judiths innerem Ensemble, und dem *braven Mädchen*. Während die *PR-Frau* frischen Wind ins Team bringen will, merkt das *brave Mädchen*, dass seine Meinung immer weniger gefragt ist. Es fühlt sich in die Ecke gedrängt und versucht, seine Position ohne Abstimmung mit den anderen Teammitgliedern und ohne Rücksicht auf die Außenwirkung durchzuboxen. Um sich im Kundengespräch kompetent und verlässlich präsentieren zu können, muss Judith in ihrer Reaktion die *PR-Frau*, das *brave Mädchen* und zudem die taktvolle *Außenministerin* integrieren. Das gelingt am besten, wenn die wirkungsbewussten Mitglieder des inneren Teams die Zurückhaltung des *braven Mädchens* als Pluspunkt der Gesamtpersönlichkeit begreifen.

Durch innere Klarheit überzeugen

Hätte Judith ihre widerstreitenden inneren Stimmen rechtzeitig vor dem Gespräch mit dem Anleger integriert, dann hätte sie auf sein Kompliment vermutlich stimmiger und imageförderlicher reagieren können. Zum Beispiel so:

> »Ich freue mich, dass Sie das sagen. Die Aktie hat sich wirklich ausgezeichnet entwickelt, und ich rechne fest damit, dass das in den nächsten Wochen so weitergehen wird: Von den Informatikern in meinem Bekanntenkreis höre ich immer wieder, dass Linux Windows über kurz oder lang ablösen wird.«

Leider fiel ihr diese Antwort erst ein, als das Gespräch beendet war.

4 Berücksichtigen Sie das Publikum

Es gehörte zu den wohl bedachten Gepflogenheiten des Sektionschefs, dass er mit seinem großen Wagen niemals am Portal des Ministerums vorfuhr, sondern, wenn er ihn überhaupt benützte, ihm schon in der Herrengasse entstieg. Mehr als er den Neid der Kollegen fürchtete, empfand er es (vorzüglich während der Arbeitszeit) als »taktlos«, seinen materiellen Glückszustand zur Schau zu tragen und die spartanischen Grenzen des Beamtentums augenfällig zu überschreiten. Minister, Politiker, Filmschauspieler durften sich ruhig in strahlenden Limousinen spreizen, denn sie waren Geschöpfe der Reklame. Ein Sektionschef hingegen hatte (bei aller zulässigen Elegance) die Pflicht, eine gewisse karge Dürftigkeit hervorzukehren.

Franz Werfel, EINE BLASSBLAUE FRAUENSCHRIFT

Für Sie selbst steht fest, welche Stärken Sie im Rennen um persönlichen und beruflichen Erfolg in die Waagschale werfen. Sie kennen Ihre Persönlichkeitsmerkmale und wissen, was Sie besonders gut und gerne tun. Und Ihnen ist klar, was Sie sich wünschen und was Sie erreichen möchten. Das heißt jedoch nicht, dass sich Ihre Fähigkeiten und Vorzüge auch Ihrer Umwelt ohne weiteres mitteilen. Vor allem Menschen, deren Wirkungsfeld nicht für jedermann sichtbar und einsichtig ist, können nicht damit rechnen, ohne Selbstvermarktung die Anerkennung zu bekommen, die sie verdienen.

Wissenschaftler, die sich mit Haut und Haaren der Projektarbeit widmen, sind davon genauso betroffen wie Mütter, die der Familie den Rücken frei halten. Die tägliche Kärnerarbeit im Labor und am Bügelbrett nimmt niemand wahr. Um für Aufmerksamkeit zu sorgen, braucht es deshalb sorgsam inszenierte Highlights: die gewagten Spekulationen über die Entwicklung der Gentechnologie, die eine auflagenstarke Sonntagszeitung medienwirksam aufbereitet, oder die wunderbar mürben Lammstelzen, die das österliche Eiersuchen krönen.

Einfach nur »echt« zu sein ist nicht genug. Um beim Publikum wirksame Eindrücke hervorzurufen, müssen wir unser Fühlen, Denken und Wissen bearbeiten und in Szene setzen. Dieser Gedanke ist übrigens nicht neu: Auch das Echte – formulierte der Psychologe Wolfram Müller-Freienfels bereits 1924 – bedarf theatralischer Hilfen.[16] Wie diese theatralischen Hilfen aussehen, hängt nicht nur von den Kommunikationsabsichten des Darstellers ab, sondern vor allem auch von den Erwartungen und Wahrnehmungsprozessen des Publikums.

Gratwanderung zwischen Dichtung und Wahrheit

Man kann es nicht oft genug betonen: Unser wichtigstes Motiv für die Arbeit am Image ist es, unsere **vorhandenen** Qualitäten so zur Geltung zu bringen, dass sie wahrgenommen werden – und Schwächen möglichst aus dem Spiel zu halten. Wie wir das anstellen, hängt von verschiedenen Faktoren ab:

- von unseren Gesprächspartnern und wie viel Wahrheit wir ihnen zumuten können oder wollen,
- von unseren Ansprüchen an Echtheit, Authentizität und Offenheit,
- von Rollenerwartungen, die an uns herangetragen werden,
- – und manchmal auch davon, wie viel Unwahrheit gerade noch glaubwürdig wirkt.

Ein Beispiel: Stellen Sie sich vor, der Ischiasnerv plagt Sie, und Sie können sich nur noch im Schneckentempo und steifbeinig fortbewegen. Weil die hinderlichen Rückenschmerzen für jedermann sichtbar sind, lassen sich Gespräche darüber nicht umgehen. Andererseits wäre es Ihnen vielleicht unangenehm, alle Welt wissen zu lassen, dass Sie schon mit Anfang Dreißig ernsthafte Probleme mit der Lendenwirbelsäule haben. Starke Selbstdarsteller werden die Beschwerden deshalb je nach Gegenüber und Situation mal mehr und mal weniger wahrheitsgemäß kommentieren:

Ungeschminkt im Telefonat mit der besten Freundin: »Du kannst dir nicht vorstellen, wie das nervt: Ich brauche für jede Bewegung dreimal so lange wie sonst – ungefähr so wie meine Oma nach dem Bandscheibenvorfall.«

In diesem Fall ist die Selbstdarstellung *selbstkongruent* – echter geht es nicht. Die Sprecherin stellt sich so dar, wie sie selbst sich sieht, ohne ihre Misere zu beschönigen.

Tapfer im Gespräch mit der Nachbarin: »Diese Rückenschmerzen sind wirklich quälend. Aber ich denke, in zwei, drei Tagen ist der Spuk vorbei.«

Diese Art der Selbstdarstellung heißt *selbstidealisierend:* Wir stellen uns so dar, wie wir gerne sein würden – und in unseren optimistischen Momenten auch wirklich sind. Dabei geht es uns weniger darum, das Publikum zu beeindrucken, als unserer Idealvorstellung von uns selbst möglichst nahe zu kommen.

Karriereförderlich im Büro: »Ja, der Rücken mal wieder. Churchill hatte schon Recht: Sport ist Mord.«

Hier ist das Image-Design ganz klar auf das Publikum ausgerichtet: Das Thema wird schnell ins Ironische abgebogen und schrammt knapp an der Wahrheit vorbei. Gleichzeitig enthält die Selbstdarstellung aber auch ein selbstkongruentes Element: Der Sprecher versucht erst gar nicht, die Schmerzen zu bagatellisieren – wohlwissend, dass er bei den Kollegen damit auf Dauer nicht durchkäme. Ob die Schmerzen von einer Sportverletzung oder einer wenig imageförderlichen Fehlstellung der Wirbelsäule herrühren, lässt sich dagegen nicht nachprüfen.

Eine Mischung aus individuums- und publikumszentrierter Selbstdarstellung findet sich auch im folgenden Beispiel: »Schatz, kannst du den Einkauf übernehmen. – Ja, mein Ischias wieder ...« Die Rückenschmerzen sind echt, werden aber publikumswirksam dramatisiert.

Abwinkend beim Chef: »Halb so wild, kleine Sportverletzung.«

Ein klarer Fall von *publikumszentrierter Selbstdarstellung*, diesmal aber mit geringem Realitätsbezug oder – unverblümter ausgedrückt – verbunden mit zwei glatten Lügen: Die Rückenschmerzen sind weder harmlos, noch stammen sie von einer Sportverletzung. Für die kurze Begegnung auf dem Flur ist diese Form der Selbstdarstellung sicher die vorteilhafteste. Vor den Kollegen im Großraumbüro ließe sie sich dagegen kaum tagelang aufrechterhalten.

Prinzipien der Personenwahrnehmung

Bei der Selbstdarstellung drücken wir dem Publikum gegenüber aus, wie wir sind oder gerne sein würden. Dadurch werden beim Betrachter Eindrücke hervorgerufen, die dieser in *Sekundenbruchteilen* zu spontanen Meinungen verarbeitet. Fast reflexartig macht sich unser Gegenüber ein Bild von uns.

Die Macht der Bilder

Der Duisburger Psychologieprofessor Siegried Frey hat in aufwändigen Studien nachgewiesen: Wenn man Testpersonen Fotos oder Videoclips von Politikern zeigt, wird innerhalb von einer Viertelsekunde ein Mechanismus der unwillkürlichen Eigenschaftszuschreibung ausgelöst.[17] Es bedurfte keiner Worte und lediglich eines Blickes, und die Testpersonen wussten, ob sie eine abgebildete Person für eher interessant, intelligent, fair, dynamisch und entspannt hielten oder für eher langweilig, unintelligent, unfair, schwerfällig und verkrampft – auch dann, wenn sie den gezeigten Politiker nicht kannten und somit keine vorgefasste Meinung haben konnten. Ebenso blitzschnell wird durch optische Eindrücke übrigens auch festgelegt, ob man eine abgebildete Person gerne als Kollegen, Chef, Partner oder Bekannten haben möchte.

Als Nächstes interessierte Frey die Frage, welche Aspekte des menschlichen Erscheinungsbildes für die instinktiven Urteilsprozesse verantwortlich waren. Inspiriert von dem Verhaltensforscher Konrad Lorenz und dessen Versuchen an Graugänsen, führte er Attrappenversuche durch, bei denen mit Hilfe einer Puppe typische Bewegungen von Politikern imitiert wurden. Das Ergebnis: Allein auf Grund der Bewegungsinformation gelangten die Betrachter praktisch zum selben Urteil, wie wenn sie den Politiker in Person sahen. Und obwohl die Puppe das Gesicht eines Playmobilmännchens hatte, wurde verrückterweise sogar ihre »Schönheit« unterschiedlich bewertet – je nachdem, nach wessen Vorbild sich die Attrappe bewegte. Offenbar spielt also nicht das Aussehen eines Menschen, sondern sein Bewegungsverhalten die überragende Rolle im Prozess der spontanen Eindrucksbildung.

Darüber hinaus scheint der unbewusste Meinungsbildungsprozess von uns Menschen ählich simpel gestrickt zu sein wie der von Tieren, bei denen bestimmte Schlüsselreize – ein roter Fleck am Gefieder oder eine ruckartige Bewegung des Kopfes zum Beispiel – eine genormte Verhaltensreaktion auslösen können. So wird der Eindruck, den wir von einer Person gewinnen, maßgeblich bestimmt durch ihre Art, den Kopf zu neigen: Ein seitlicher gekippter, leicht nach vorn geneigter Kopf zeugt von *Entgegenkommen* und löst *Zuneigung* beim Betrachter aus, eine aufrechte Kopfhaltung, bei der das Kinn leicht angehoben ist, wirkt *ablehnend* und ruft leicht *Abneigung* hervor.

Zum Vorurteil verurteilt?

Ganz gleich, wie gefeit wir gegen Vorurteile zu sein glauben: Unser sensorischer Apparat, so Frey, drängt sie uns ungefragt auf – und zwar primär als Folge visueller Stimuli. Bildreize lösen eine innere Erregung aus, die sich bei den Testpersonen an vielfältigen mimischen und vegetativen Reaktionen festmachen ließ: zum Beispiel an den Gesichts- und Kopfbewegungen, der Herztätigkeit, der Durchblutung der Gliedmaßen, der Atmung oder der Hauttemperatur. Diese innere Erregung kann je nach Testperson stark variieren: Während manche Politiker die Betrachter im wahrsten Sinne des Wortes kalt ließen, führte der Anblick von Oskar Lafontaine, vor allem aber der von Ronald Reagan zu stark ausgeprägten vegetativen Reaktionen.

Frey zufolge steht es außerhalb unserer Möglichkeiten, diesen spontanen Meinungsbildungsprozess unseres emotionalen Gehirns zu verhindern. Medienwirksame Politiker wie Bill Clinton, Tony Blair und auch Gerhard Schröder profitieren von diesem Effekt: Skandale und inhaltliche Schwächen, die uns auf der rationalen Ebene vollkommen bewusst sind, scheinen von ihnen abzuperlen wie an einer Teflonbeschichtung. Es steht deshalb zu erwarten, meint Frey, »dass die Karrierechancen der Kandidaten für öffentliche Ämter immer weniger von deren politischem Sachverstand abhängen und immer mehr von deren Fähigkeit, den im wahrsten Sinne des Wortes ›oberflächlichen‹ Kriterien zu genügen, auf welche die in unserem Zwischenhirn verankerten Informationsverarbeitungsroutinen so großen Wert legen«.[18]

Natürlich brauchen wir uns als denkende, mündige, aufgeklärte Wesen nicht mit den Vorurteilen zufrieden zu geben, die unser emotionales Gehirn automatisch anliefert. Wir haben die Möglichkeit des Nachdenkens: Ganz gleich, wie suggestiv Bilder auf uns wirken – wir können sie hinterfragen und über die rationale Informationsverarbeitung unsere gefühlsmäßigen Reaktionen erweitern, korrigieren und notfalls verwerfen.

Nur: Wie oft und in welchem Maße nutzen wir diese Fähigkeit? Bei Menschen, die wir lieben, mögen oder denen wir Tag für Tag begegnen, sind wir natürlich bereit, zweimal hinzuschauen. Ihnen geben wir die Chance, einen ungünstigen Eindruck zu widerlegen. Und über sie wissen wir genug, um ein negatives Verhalten durch mildernde Umstände wie Überarbeitung, Magenschmerzen oder Streit mit dem Partner wegzuerklären. Je seltener wir dagegen einen Menschen sehen und je oberflächlicher unsere Beziehung zu ihm ist, desto größer ist die Wahrscheinlichkeit, dass wir die Bilder und Eindrücke, die unser sensorischer Apparat anliefert, für sich sprechen lassen.

Typische Interpretationsfehler

Aber selbst wenn wir unsere Meinungsbildung nicht allein dem Zwischenhirn überlassen, sind Fehleinschätzungen und Verzerrungen der wahrgenommenen Signale möglich. Der Grund: Wir neigen dazu, Situationseinflüsse, individuelle Verhaltensunterschiede und Informationen, die uns nicht ins Konzept passen, zu übersehen.

Der fundamentale Attributionsfehler: Menschen haben die Tendenz, die Ursache für ein Verhalten öfter internalen, in der Persönlichkeit des anderen begründeten Faktoren als externalen, situationsbedingten Einflüssen zuzuschreiben.[19] Unwillkürlich schließen wir aus den seltsam kurzangebundenen Geburtstagsgrüßen des früheren Studienkollegen, dass ihm an der Beziehung zu uns nicht mehr gelegen ist. Erst Monate später erfahren wir, dass seine Frau, als er die Karte schrieb, eine Fehlgeburt erlitten hatte. Ein solcher fundamentaler Attributionsfehler kann leicht dazu führen, dass uns das Verhalten eines Interaktionspartners grundlos ärgert oder verletzt.

Der Stereotypen-Effekt. Die meisten Menschen sind davon überzeugt, keine Vorurteile zu haben. Tatsache ist aber: Wir neigen dazu, Ansichten über eine Referenzgruppe auf einen einzelnen, der einer solchen Gruppe angehört, zu übertragen. Professoren gelten uns als notorisch zerstreut, Finanzbeamte als das natürliche Feindbild jedes Steuerzahlers, Menschen über 65 als festgefahren in ihren Ansichten.

Häufig sind solche Stereotypen so fest verwurzelt, dass sie

uns den Blick verstellen: auf den Prof, der seine Projekte mit straffer Hand managt und das Gleiche von seinen Diplomanden erwartet; auf die freundliche Steuerinspektorin im Finanzamt Chemnitz-Süd, die uns allenfalls unser Vorurteil gegen ihren Berufsstand übelnimmt, nicht aber unseren Wunsch, einen möglichst hohen Anteil der Umzugskosten von der Steuer abzusetzen; und auf die Tatsache, dass wir der Schwiegermutter mit einer Schnuppermitgliedschaft im Fitnessstudio vielleicht eine größere Geburtstagsfreude machen könnten als mit dem achthundertseitigen Historienroman.

Die Projektion der Ähnlichkeit. Ohne es zu merken, setzen wir bei anderen das eigene Denken und Fühlen voraus. Weil wir unsere eigene Weltsicht nicht in Frage stellen möchten, gehen wir davon aus, dass andere ähnliche Wertmaßstäbe anlegen und Interessen verfolgen wie wir selbst. So kommt es, dass ein Autohändler enthusiastisch die Leistungsmerkmale und technischen Daten des neuen Luxus-Offroader vorstellt. Autonarr, der er ist, merkt er nicht, dass das gut gestylte Paar vor ihm wenig Interesse an seinen Ausführungen zeigt: Es interessiert sich weit mehr für Image und Szenetauglichkeit des Jeeps als für seine Getriebetechnik. Die Folge der Verzerrung: Kunden und Verkäufer reden aneinander vorbei.

Der Halo-Effekt. Häufig schätzen wir Menschen schon wegen ihrer tiefen Stimme als Vertrauen erweckend ein – oder wegen ihres schlaffen Händedrucks als undynamisch. Aus nur einem Merkmal im Verhalten eines Menschen schließen wir, der Rest des Verhaltens sei genauso positiv oder negativ. Der Ausbilder zum Beispiel, dem die frische Art des neuen Azubis im Umgang mit Kunden gefällt, wird dessen Leistungen durchweg günstiger beurteilen als die der gleichaltrigen Kollegin, deren Nasen-Piercing ihm gleich bei der ersten Begegnung missfallen hatte. Diese Art der Verzerrrung wird als Halo-Effekt (engl. *halo,* Heiligen-, Glorienschein) bezeichnet.

Praktische Konsequenzen

Die Wissenschaft der Eindrucksforschung ist noch zu jung, um umfassende praktische Erkenntnisse für unser Verhalten im Alltag daraus ableiten zu können. Zwei grundlegende Einsichten vermittelt sie uns aber bereits heute:

Erstens: Bilder üben einen Sog auf uns aus, dem zu widerstehen uns schwer fällt. Sogar der deutsche Physiker und Schriftsteller Georg Christoph Lichtenberg (1742–1799) musste zugeben: »Nichts schmerzt mich mehr, bei allem meinem Tun und Lassen, als dass ich die Welt so ansehen muss, wie der gemeine Mann, da ich doch szientifisch weiß, dass er sie falsch ansieht.« Um zu einer korrekten Einschätzung von Menschen und Situationen zu gelangen, müssen wir deshalb lernen, uns vom »Gaukelspiel der Sinne« zu emanzipieren. Das Wissen, dass die spontane Urteilsbildung zu den festen Bestandteilen unseres genetischen Programms gehört, ist ein erster Schritt in diese Richtung.

Zweitens: Die Meinung, die sich andere über uns bilden, wird in erster Linie von Nuancen unseres Aussehens, unserer Körperhaltung und unserer Gestik bestimmt. Unsere bloße Erscheinung aktiviert im Betrachter reflexhafte Gefühlsreaktionen. Diese Eindrücke spielen eine nicht zu unterschätzende Rolle für den Fortgang der Beziehung: Sie sind der Ausgangspunkt für weiterführende Denkprozesse und fließen in das endgültige Urteil mit ein. Kalkulieren Sie deshalb bei Ihrer Selbstdarstellung die reflexartige Informationsverarbeitung des emotionalen Gehirns mit ein, und stimmen Sie Ihr Verhalten und Aussehen auf die Sehgewohnheiten des Gegenübers ab. Die Fähigkeit zur Perspektiveübernahme stellt eine zentrale Voraussetzung für ein gelungenes Image-Design dar.

Achtsamkeit und Abstimmung

Je aufmerksamer Sie Informationen über Ihre Umgebung wahrnehmen, desto genauer werden Sie die Menschen, Gruppen und Organisationen einschätzen können, mit denen Sie zusam-

menarbeiten. Je genauer Ihre Einschätzung ist, desto besser können Sie sich auf die Verhaltensweisen, Werte und Ideen einstel-
len, die Ihr Gegenüber akzeptieren und managen kann.

Zeichen wahrnehmen ...

Ein Beispiel: Der Konzern, in den Sie demnächst als Führungs-
nachwuchs einsteigen, macht 15,1 Milliarden Umsatz, besitzt
151 Verkaufshäuser in 28 Staaten und hat 40.000 Angestellte.
Für die Geschäftsperiode 1998/99 meldete das Unternehmen
erneut ein Umsatzplus von zwölf Prozent. Beeindruckende Zahlen, die dazu geeignet sind, vor dem inneren Auge sämtliche Kli-
scheevorstellungen von glitzernden Bürotürmen, grau betuchten Managern, Edelambiente und Großstadtatmosphäre aufstei-
gen zu lassen – wenn das Unternehmen nicht IKEA hieße. Dort
ticken die Uhren nämlich ein bisschen anders: Die Schaltzen-
trale des Weltkonzerns befindet sich in einem unscheinbaren
Haus in einer schwedischen Kleinstadt. Der Firmenchef ist
meistens in Hemdsärmeln anzutreffen, wird von sämtlichen Mitarbeitern geduzt und fliegt Economy statt Business. Kunden dürfen schon mal in den Verkaufshäusern übernachten, und in den
USA ließ das Unternehmen einen Werbespot ausstrahlen, der
zwei homosexuelle Männer beim gemeinsamen Einkauf zeigt.

... deuten ...

Jede dieser Informationen für sich allein sagt nicht besonders
viel aus. Zusammen aber offenbaren sie die im Unternehmen
geltenden Normen, Werte und Überzeugungen, auf die Sie Ihr
eigenes Verhalten abstimmen sollten. Waren in Ihrer alten Firma
teure Anzüge, autoritäres Auftreten und gesellschaftliche Ge-
wandtheit – am besten gemeinsam mit der im Smalltalk geübten
Ehefrau – gern gesehene Attribute und Verhaltensweisen, müssen Sie künftig umdenken.

Die Selbstdarstellung des Konzerns nach außen, die fehlenden Statussymbole, die bewusst gepflegte Zugänglichkeit des

Firmenchefs, die vorurteilslosen Werbekampagnen weisen Ihnen den Weg: Auch wenn IKEA längst zum Weltunternehmen herangereift ist, pflegt es bewusst sein Image als Underdog. Daraus lässt sich schließen, dass der Konzern Mitarbeiter bevorzugt, die gut auf Klassenunterschiede und Statussymbole verzichten können und eine »etwas andere« Firmenphilosophie dem schnellen Geld vorziehen.

... und setzen

Alles klar: Sie haben verstanden. Das ist der Eindruck, den Sie Ihren Mitarbeitern, Kollegen und Vorgesetzten vermitteln wollen. Nicht, indem Sie groß darüber reden. Sondern, indem Sie die richtigen Zeichen setzen: eine Politik der offenen Türen pflegen. Sich Zeit nehmen für Mitarbeiter, die mit Fragen oder Vorschlägen zu Ihnen kommen. Dreiteiler und Krawatte durch einen grob gestrickten (aber dabei nicht billigen) Rollkragenpullover oder ein robustes Tweedjacket ersetzen. Ihren Firmenparkplatz der Mitarbeiterin mit dem Kreuzbandriss zur Verfügung stellen.

Allerdings: Wer den Dienstwagen ausschließlich aus Imagegründen gegen das Fahrrad vertauscht, setzt seine Glaubwürdigkeit aufs Spiel. Spätestens wenn die Kollegin aus dem Lager mitbekommt, dass Sie die Sonntagsbrötchen selbst bei strahlendem Sonnenschein mit dem Audi TT besorgen, ist ihr sportlich-umweltbewusster Ruf angeschlagen – und Ihr Ansehen in anderen Dingen dazu. Wer nicht Gefahr laufen will, als allzu geländegängig zu gelten, muss deshalb darauf achten, nur solche Eindrücke zu wecken, die er auch tagtäglich leben kann: Zu offensichtliche Diskrepanzen zwischen öffentlichem Bild und privater Realität würden das Image beschädigen.

Das heimliche Diktat des Publikums

Ihr Image-Design kann noch so durchdacht und gekonnt sein: Letztendlich entscheidet das Publikum, ob es bereit ist, Ihre Selbstdarstellung zu akzeptieren und zu unterstützen, in Frage zu stellen oder zu torpedieren. Nur wenige hervorgerufene Eindrücke könnten ohne das taktvolle Entgegenkommen des Publikums bestehen bleiben.

Die unausgesprochenen Regeln

So sehr es in unserem Interesse liegt, uns bei unserer Selbstdarstellung in ein möglichst vorteilhaftes Licht zu rücken, so wenig sind unsere Zuschauer gewillt, uns dabei völlig freie Hand zu lassen. Sie bestehen vielmehr darauf, die Informationen zu bekommen, die sie für »relevant« erachten – und zwar gemäß der eigenen Maßstäbe. Als Darsteller tun wir deshalb gut daran, so der englische Philosoph H. Paul Grice, eine Reihe unausgesprochener Regeln einzuhalten:

Quantität: Unsere Informationen dürfen weder mehr noch weniger Informationen enthalten, als das Publikum für angemessen empfindet. So kann der Firmengründer beim alljährlichen Stehempfang der Führungskräfte und Kunden zwar volle Aufmerksamkeit für einen kurzen Trinkspruch erwarten. Verbindet er dagegen die Ankündigung, das Buffet sei eröffnet, mit einem zwanzigminütigen Rückblick auf das vergangene Geschäftsjahr, darf er sich nicht wundern, wenn der Geräuschpegel im gleichen Maße ansteigt, in dem die Aufmerksamkeit nachlässt.

Qualität: Informationen müssen wahr und transparent wirken. Mit Allgemeinplätzen, vagen Behauptungen und widersprüchlichen Aussagen lässt sich kein Publikum lange abspeisen – es sei denn, wir stünden schon unangefochten an der Spitze. Ebenso wenig kommen wir damit durch, wenn wir uns als Experte auf einem Gebiet aufspielen, auf dem wir nicht wirklich firm sind. Oder uns mit Wortgeklingel in Szene setzen.

Bezug: Die vermittelten Informationen müssen in einem klar erkennbaren Zusammenhang zu dem diskutierten Thema stehen. Angenommen, Ihr Chef kritisiert Sie wegen Ihrer notorischen Unpünktlichkeit. Dann ist das ganz sicher nicht der Moment, in dem Sie ein aufgeschlossenes Ohr für Ihre gestiegenen Verkaufszahlen finden werden. Und: Das Thema muss zum Anlass passen. Wer ausgerechnet bei der Promotionsfeier des kleinen Bruders den Tag gekommen sieht, die seit langem schwelende Geschwisterfehde aufzuarbeiten, muss damit rechnen, dass die anderen ihn böse auflaufen lassen.

Form: Informationen müssen höflich und eindeutig vermittelt werden. Dazu gehört es zum Beispiel, Gesprächspartner nicht zu unterbrechen oder Kritik sachlich zu äußern. Der Einwand »Das sehe ich anders und zwar aus folgendem Grund« wird akzeptiert, die Bemerkung »Das ist doch kompletter Nonsense« ruft wegen der unangebrachten Form Unwillen hervor.

Die Definitionshoheit des Publikums

Aber auch wenn wir die Kommunikationsregeln einhalten, zieht unser Gegenüber aus unserer Selbstdarstellung nicht immer die Schlüsse, die wir uns wünschen. Es ist zum Beispiel keineswegs sichergestellt, dass Ihre Umwelt Ihre Bereitschaft, die Eckdaten für den Jahresabschlussbericht über das Wochenende zusammenzustellen, als Zeichen des Engagements und der Belastbarkeit interpretiert. Wenn Sie Pech haben, legt Ihre Chefin Ihr Angebot als Gutmütigkeit aus (»Das ist wirklich sehr nett, dass Sie mir diese Arbeit abnehmen«), Ihr Partner als Unfähigkeit, Nein zu sagen (»Dass du dich so ausnutzen lässt«), und Ihr Kollege am anderen Schreibtisch als Anbiederung (»Du musstest dich natürlich wieder profilieren«).

Zuschauer entscheiden eigenmächtig, wie sie ein Verhalten interpretieren. Ihre subjektive Lesart ist häufig abhängig von vorgefassten Meinungen und früheren Erfahrungen – Variablen also, die wir nicht oder allenfalls begrenzt beeinflussen können. Für unser Image-Design heißt das einmal mehr: Wir müssen unsere Selbstdarstellung, wenn sie gelingen soll, an den *Interpretationsgewohnheiten des Empfängers* ausrichten. Kein einfaches Unterfangen – verlangt es uns doch ab vorherzusehen, wie unser Publikum unser verbales und nonverbales Verhalten vermutlich beurteilen wird.[20]

Das Publikum muss mitspielen

Sebastian und Katrin hatten es sich so schön ausgedacht: Ihre Hochzeit sollte in einer kleinen Kapelle in den Bergen stattfinden – Anfang Juni, im kleinen Kreis, nur mit den engsten Verwandten und besten Freunden. Ihre beiden Trauzeugen, Besitzer eines Feinkostladens, hatten versprochen, als Überraschung für die Gäste auf einer nahe gelegenen Lichtung ein kleines Buffet aufzubauen: Brunnenkresse-Suppe, Garnelenspießchen, verschiedene Arten von Fingerfood und Champagner und Eisbombe als krönenden Abschluss. Gleich danach wollten Sebastian und Katrin sich verabschieden.

Die Inszenierung war fernsehgerecht, die Gäste eher von dieser Welt: Oma Mathilde hatte noch nie im Leben eine Hochzeit erlebt, bei der sie sich selbst bedienen musste – und fand nichts dabei, das jedermann, vor allem aber Katrins Eltern, kund zu tun. Die wiederum waren ohnehin verletzt, dass das junge Paar die Gestaltung des Festes selbst in die Hand genommen hatte, statt die Hochzeit von den Brauteltern ausrichten zu lassen. Und Sebastians Vater konnte nicht fassen, dass er bei der Hochzeit seines einzigen Sohnes nicht einmal die Chance auf ein Tänzchen mit seiner neuen Schwiegertochter haben sollte. Bei den Freunden und Geschwistern kam die Gestaltung des Festes zwar bestens an, doch ein Missklang blieb. Weil die ältere Generation nicht den Takt aufbrachte, sich der inszenierten Stimmung eines Frühsommertages auf dem Land zu überlassen, bestimmte sie mit ihren enttäuschten Erwartungen das Grundgefühl.

Dramaturgische Sorgfalt

Wir können mit unserer Selbstdarstellung zwar den äußeren Rahmen vorgeben, es bleibt jedoch dem Publikum überlassen, ob es darauf eingeht oder nicht. Je nach Lust und Laune kann es unser Image-Design unterstützen oder torpedieren.

Wohlwollende Betrachter helfen uns durch eine Reihe von Schutzmaßnahmen, den Eindruck zu sichern, den wir aufgebaut haben:

- Sie klopfen an, bevor sie den Raum betreten.
- Sie geben sich unbeteiligt, wenn sie zufällig mitbekommen, dass zwischen zwei Kollegen dicke Luft herrscht.
- Sie tun das Ihre dazu, Peinlichkeiten zu vermeiden. Ein takt-voller Gesprächspartner wird zum Beispiel die kurz vor der Scheidung stehende Kollegin nicht mit der Frage in Verlegen-heit bringen, wo sie Sylvester feiern wird. Um dann womög-lich die leise Antwort, zu Hause zu bleiben, mit einem fas-sungslosen, für jederman hörbaren »Allein?« zu quittieren.

Dieses taktvolle Entgegenkommen des Publikums ist nicht selbst-verständlich. Es ist vielmehr Teil einer fein ausbalancierten Dra-maturgie des Gebens und Nehmens, die vom Darsteller ver-langt, das Publikum bei Laune zu halten, seine Erwartungen, Eitelkeiten und Empfindlichkeiten zu berücksichtigen und auf Unmutssignale prompt zu reagieren.

Katrin und Sebastian hätten bei entsprechender Planung so manchen Reibungspunkt schon im Vorfeld entschärfen können – ohne deshalb den Charakter des Festes verändern zu müssen. Vermutlich hätte es schon genügt, Eltern und Großeltern vorher über das in deren Augen ungewöhnliche Programm zu informie-ren und Katrins Schwester zu beauftragen, sich besonders lieb um Omis Wohlbefinden zu kümmern. Und mit Spontaneität und Improvisationsgeschick hätte sich sicher auch der Wunsch nach einem Brauttanz erfüllen lassen.

5 Lernen Sie die Mittel des Image-Design kennen

> Stafford lernte, dass man die Wahl des Gutachters häufig zu
> seinen Gunsten beeinflussen konnte. Häufige Nennung der
> Arbeit eines anderen Wissenschaftlers in der Bibliografie der
> eigenen Abhandlung veranlasste den Redakteur höchst-
> wahrscheinlich, diese Person als besonders geeignet auszu-
> wählen. Wenn man die Arbeit des potenziellen Gutachters
> als »elegant«, »zum Nachdenken anregend« oder einfach
> nur als »fundiert« einstufte, prüfte er den entsprechenden
> Aufsatz aller Wahrscheinlichkeit nach wesentlich milder.
> »Schmeicheln hilft immer«, riet Cantor.
>
> Carl Djerassi, CANTORS DILEMMA

Die Mittel des Image-Design sind so zahlreich wie das
Repertoire menschlicher Verhaltensweisen: Sie reichen von Anpassung und Understatement über Eigenwerbung und Schmeichelei bis hin zur emotionalen Erpressung und versteckten oder
offenen Drohung. Jede Äußerung, jedes Schweigen, jede Geste,
jedes Kleidungsstück und jedes (Status-)Symbol können uns
dazu dienen, uns auf unseren Gesprächspartner einzustellen
oder unsere Vorzüge ins rechte Licht zu rücken.

Um Ordnung in dieses weite Feld zu bringen, hat die Ein-
druckspsychologie verschiedene Klassifikationen des Selbstdar-
stellungsverhaltens entwickelt. So unterscheiden die amerikanischen Psychologen Daniel C. Feldman und Nancy R. Klich sechs
Formen der Eindruckslenkung:

- Werben um Sympathie
- Selbst-PR
- Betonen der eigenen Werthaltung

- Werben um Verständnis
- Einschüchterung
- Selbstrechtfertigung

Mit diesen Strategien wollen wir erreichen, von anderen als sympathisch, erfolgreich, vorbildlich, hilfsbedürftig, gefährlich und korrekt wahrgenommen zu werden.[21]

Strategie	Typische Verhaltensweisen	Angestrebter Eindruck	Riskierter negativer Eindruck
Werben um Sympathie	einen Gefallen tun, Komplimente machen, eine ähnliche Meinung vertreten, Probleme anvertrauen, Interesse zeigen ...	sympathisch, liebenswert, aufgeschlossen, offen, locker	»Radfahrer«: anbiedernd, angepasst
Selbst-PR	Eigenlob, gute Laune, Presseaktivitäten, Statussymbole, Name-dropping ...	kompetent, erfolgreich, lässig, engagiert, wichtig	»Angeber«: arrogant, eingebildet, snobistisch, wichtigtuerisch
Betonen der eigenen Werthaltung	helfen, sich selbst verleugnen, sich aufopfern, Überstunden machen	selbstlos, moralisch überlegen, verantwortungsbewusst, am Gemeinwohl orientiert, mit der Firma identifiziert	»Moralapostel«: scheinheilig, freudlos, unsympathisch
Werben um Verständnis	Mitleidstour, Appell an Loyalität, Solidarität, Schuldgefühle	sensibel, offen, vertrauensvoll, »menschlich«	»Sozialfall«: ängstlich, wenig belastbar, unfähig
Einschüchterung	Härte zeigen, drohen, schreien, Imponiergehabe, strafen	kraftvoll, energisch, durchsetzungsstark, einflussreich, temperamentvoll	»Macho«: cholerisch, unbeherrscht, unzeitgemäß, lächerlich
Rechtfertigung	leugnen, Probleme bagatellisieren, Verantwortung minimieren, sich von negativen Ereignissen und Personen distanzieren	Aufmerksamkeit von den eigenen Fehlern ablenken, eine reine Weste behalten, Image wahren	unglaubwürdig, feige, verantwortungslos Falls der Vorwurf stimmt: der Lüge überführt zu werden

Werben um Sympathie

Gemocht zu werden lohnt sich: Menschen, die uns sympathisch finden, sind eher bereit, uns Vertrauen zu schenken, sich für uns einzusetzen und uns im Notfall auch mal Rückendeckung zu geben. Konkret kann sich das zum Beispiel in Beliebtheit, Kontakten, Verkaufszahlen, Gehaltserhöhungen, Karrierechancen oder Budgeterweiterungen auszahlen. Möglichkeiten, den eigenen Sympathiefaktor zu erhöhen, gibt es viele:

Betonen Sie Ähnlichkeiten. Schon kleine Gemeinsamkeiten können verbindend wirken. Geschickte Eindruckssteuerer betonen im Umgang mit anderen deshalb Ähnlichkeiten und überspielen Gegensätze. So heißt es zum Beispiel, einziges besonderes Merkmal des Jelzin-Nachfolgers Wladimir Putin sei es, die Armbanduhr am rechten Handgelenk zu tragen. Angeblich sollen nun auch einige der höheren Beamten im Kreml ihre Uhr vom linken Handgelenk ans rechte umgewechselt haben.

Auch Verhandlungen und Streitgespräche profitieren davon, wenn Berührungspunkte angesprochen werden: »Wir sind ja beide lange genug in diesem Geschäft und brauchen nicht um den heißen Brei herumzureden.« – »Im Grunde wollen wir als Eltern alle das Gleiche: ...« – »Ich verstehe Ihre Skepsis sehr gut. Ich hatte anfangs auch Vorbehalte.«

Werden Sie Teil einer verschworenen Gemeinschaft. Nichts schweißt mehr zusammen als die durchgearbeiteten Nächte, um den Fehler im Programm zu finden, oder das gemeinsame Warten auf den überlebenswichtigen Auftrag. Image-Designer nutzen die verbindende Kraft vereinter Anstrengungen, um den Kreis ihrer Verbündeten zu erweitern, krempeln die Ärmel hoch und packen beim Umzug der Abteilung mit an – statt sich in ihr Büro zurückzuziehen und das Chaos aus Aktenbergen und Computerperipherie den Mitarbeitern zu überlassen.

Signalisieren Sie Interesse, Aufmerksamkeit und Wertschätzung. Menschen, denen es gelingt, das Selbstwertgefühl anderer durch Interesse und Lob zu stärken, sind beliebte Gesprächs-partner. Es erhöht den Wohlfühlfaktor in einer Beziehung, wenn wir unserem Gegenüber unsere volle Konzentration signalisie-ren, zum Beispiel, indem wir das Handy ausschalten oder die Se-kretärin bitten, in den nächsten zwanzig Minuten keine Anrufe mehr durchzustellen. Geizen Sie auch nicht mit ehrlicher An-erkennung und Bestätigung: »Das interessiert mich sehr.« – »Das klingt gut, bleiben Sie an der Sache dran.« – »Das war sicher nicht einfach zu erreichen.« – »Ihre Geschenke sind immer so liebevoll verpackt.«

Öffnen Sie sich. Distanz zu wahren und Persönliches für sich zu behalten schafft Abstand. Sympathie entsteht dagegen, wenn wir auch mal einen Blick hinter unsere glanzvolle Fassade zulas-sen. Das muss und soll nicht in Jammern und das Eingestehen von Schwächen und Ängsten ausarten. Aber hin und wieder etwas Persönliches sollten Sie schon von sich preisgeben – ver-bindende Informationssplitter wie den Hang zu Pasta und Scho-kolade oder das Schwelgen in amerikanischen Ärzteserien oder alten *Star-Trek*-Episoden.

Fragen Sie um Rat. Sie müssen nicht in jeder Situation der Top-dog sein – erst recht nicht, wenn Sie es auf dem Weg nach oben sowieso schon weit gebracht haben. Viel sympathischer wirken Sie, wenn Sie einen Umgang auf gleicher Augenhöhe pflegen und das Spezialwissen Ihrer Mitarbeiter und Kollegen anerken-nen. Damit locken Sie den schweigsamen Technikfreak aus der Reserve: »Wie sind Sie denn mit Ihrem Palmtop zufrieden, ich muss mir jetzt auch endlich so ein Teil zulegen?« Und vermitteln der Praktikantin das Gefühl, nicht nur als Coffee-Girl gefragt zu sein: »Welcher Slogan spricht Sie mehr an?«

Die fatale Kehrseite: Schmusekurs

»Für jeden angestrebten Eindruck«, warnt Lothar Laux, Inhaber des Lehrstuhls für Persönlichkeitspsychologie an der Universität Bamberg, »gibt es ein negatives Gegenstück.«[22] Das gilt auch für das Werben um Sympathie: Unsensibel eingesetzt, kann es leicht in Anbiederung, falsches Lob und Aufdringlichkeit ausarten.

Plumpe Schmeichelei. Kennen Sie das auch? Es nervt, wenn man in einem Geschäft in jedem zweiten Satz mit dem Namen oder gar als »Gnädige Frau« angesprochen wird. Und es berührt uns unangenehm, wenn der Versicherungsrepräsentant die Tennisschläger im Flur sieht und eilfertig einen ausführlichen Smalltalk über unseren Lieblingssport beginnt. Der Grund für unser Unbehagen: Freundlichkeiten dieser Art wirken allzu routiniert. Wir merken die Absicht und sind verstimmt. Für die eigene Selbstdarstellung heißt das: Noch mehr als andere eindruckssteuernde Taktiken verlangt das Werben um Sympathie Aufrichtigkeit und Fingerspitzengefühl.

Lobbing. Komplimente sind Balsam auf der Seele des Gelobten. Meistens jedenfalls. Manchmal kommt unser Lob nämlich als Wolf im Schafspelz daher: Zum Beispiel, wenn wir die mühsame Berechnung mit schmeichelnden Worten an den Kollegen delegieren: »Sie können das viel besser als ich«. Oder wenn wir beim Kaffeeklatsch mit den Freundinnen unseren Sechsjährigen, der nun schon zum dritten Mal mit einer architektonisch gewagten Lego-Konstruktion unterbricht, routiniert wegloben: »Suuuuper! Das musst du unbedingt heute Abend dem Papi zeigen.«

Auch wenn Lobbing ab und an ganz gut funktioniert, sollten Sie es nicht überstrapazieren. Der amerikanische Sozialpsychologe Robert B. Cialdini berichtet zwar von Studien, wonach offenkundig unwahre positive Bemerkungen dem Schmeichler genauso viel Sympathien einbrachten wie wahre Komplimente.[23] Allerdings: Diese Studien stammen aus den Siebzigerjahren. Heute sind die meisten Menschen psychologisch so sensibilisiert, dass sie schlechtgemeintes Lob als plumpen Trick erkennen.

Aufdringlichkeit. Es gehört zu den menschlichen Wahrnehmungsfehlern zu glauben, man käme bei Leuten gut an, die einem selber sympathisch sind. Prüfen Sie in Ihrem Inneren, ob diese spontane Annahme wirklich zutrifft. Ehe Sie auf das einzige andere deutsche Paar in dem versteckten Hotel in der Auvergne zustürzen, überlegen Sie, ob Ihre Avancen wirklich willkommen sind und nicht als Attacke auf den Urlaubsfrieden empfunden werden. Wer anderen keine Möglichkeit zum taktvollen Rückzug lässt, wirkt nicht sympathisch, sondern vereinnahmend.

Einschüchterung

Seit der Erfindung des Begriffs *Soft Skills* dürfte es sie eigentlich nicht mehr geben – die herabwürdigenden Angriffe, die wohlkalkulierte Panikmache und die leisen Drohungen, mit denen wir demonstrieren, dass mit uns nicht zu spaßen ist. Der Alltag belehrt uns eines anderen: Da gibt es den Einkaufschef, der die unglückselige Disponentin vor aller Augen zusammenstaucht: »Wer nicht hören will, muss fliegen«. Den Abteilungsleiter, der mit Bemerkungen von »schwierigen Zeiten« und »eiskaltem Wind, der uns ins Gesicht bläst« Überstunden auch am Wochenende einfordert. Die Sprecherin der Bürgerinitiative, die unter dem Deckmantel der Besorgtheit dem Stadtrat gegenüber die Befürchtung äußert, »die ganze angestaute Wut« könne sich bei der nächsten Demo entladen. Und die überlastete Verkäuferin, die sich ausgerechnet mitten im Schlussverkauf auflehnt: »Dann mach' ich eben Dienst nach Vorschrift.«

Keine Frage: So schön, dass wir jederzeit sensibel, motivierend und sachlich miteinander umgingen, ist unsere Welt allenfalls im Management-Seminar. Im wirklichen Leben kommen wir immer wieder in Situationen, in denen wir das Gefühl haben, mit der Faust auf den Tisch hauen zu müssen, um endlich zu einem Ergebnis zu kommen. Weil wir uns in die Ecke gedrängt fühlen. Oder weil wir schlicht rotsehen: Schließlich sind Zorn und Aggression grundsätzliche, instinktive Kampfreaktionen, die zu unserem emotionalen Grundprogramm gehören. Dazu kommt:

Nach wie vor sind Eigenschaften wie Durchsetzungsvermögen, Konsequenz und Härte erstrangige Führungsqualitäten.

Die fatale Kehrseite:
Wutanfälle, Zwang, Erpressung

Trotzdem sind weichere Strategien in den meisten Situationen die bessere Wahl, um Menschen zur Zustimmung zu bewegen. Einschüchterung bringt zwar manchmal eine schnelle Lösung, regelmäßig angewandt kann Aggression Ihrem Image aber mehr schaden als nützen: Menschen, die mit Druck, Zwang und Sanktionen arbeiten, laufen Gefahr, sich lächerlich und womöglich unnötig Feinde zu machen.

Wahren Sie Ihr Gesicht. Drohungen sind die Leopard-Panzer der Eindruckssteuerung. Sind sie erst einmal in Position gebracht, ist ein eleganter Rückzug meist nicht mehr möglich. Wer angekündigte Konsequenzen nicht wahr macht, hat kaum eine Chance, in der gleichen Sache jemals wieder ernst genommen zu werden. Deshalb: Vergewissern Sie sich, dass hinter Ihren Drohgebärden auch das entsprechende Drohpotenzial steht. Und überlegen Sie gut, ob Sie nicht ein Eigentor schießen, wenn Sie wegen der Sache mit der Abmahnung mit dem Arbeitsgericht drohen.

Schaffen Sie sich keine Feinde. Nicht nur den eigenen Gesichtsverlust gilt es zu vermeiden. Es genügt, einen anderen ein einziges Mal vorzuführen oder ihm die Pistole auf die Brust zu setzen, um ihn sich für immer zum Feind zu machen. Selbst wenn Ihre Chefin Ihnen zähneknirschend den Urlaub zum Jahrtausendwechsel genehmigen musste, weil sie es sich bei dem damaligen Auftragsüberhang nicht leisten konnte, Sie zu verlieren: Die Erinnerung an den Vorfall bleibt. Das kann sich rächen.

Machen Sie sich nicht lächerlich. In einer Zeit, in der Konfliktfähigkeit, Moderation, Mitbestimmung und Konsens groß geschrieben werden, wirken Menschen, die sich mit Stimmgewalt und Faustrecht durchzusetzen versuchen, eher lächerlich als beeindruckend. »Wenn der Chef Mitarbeiter wegen eines Versehens oder eines Fehlers anschreit«, stichelt der amerikanische Softwareberater und Autor Tom DeMarco, »ist der Chef in Panik. Wenn er tobt, so heißt das, er steht am Rande des Nervenzusammenbruchs.«[24]

Vermeiden Sie Win-Lose-Situationen. Je weiter Sie es in der Firmenhierarchie nach oben geschafft haben, desto einfacher ist es für Sie, Mitarbeiter unter Druck zu setzen. Die Angst um den Arbeitsplatz, vor Blamage und Mobbing sitzt bei den meisten Menschen tief. Allerdings sind erzwungene Zugeständnisse nicht halb so viel wert wie Entscheidungen, die Ihr Gegenüber freiwillig getroffen zu haben glaubt. Natürlich können Sie, wenn ethische Überlegungen keine Rolle für Sie spielen, Mitarbeitern kalt lächelnd den Urlaub streichen oder wutschnaubend verlangen, dass die Grafiken für die Vorstandsvorlage zum zwölften Mal geändert werden – »und wenn das bis Mitternacht dauert!«. Nur: Loyale, mitdenkende, womöglich sogar kreative Mitarbeiter gewinnen Sie auf diese Weise nicht. Dafür braucht es Führungspersönlichkeiten, die es verstehen zu überzeugen, zu begeistern und andere für sich zu gewinnen.

Selbst-PR

»Tue Gutes und rede darüber«, lautet ein viel zitierter Spruch unserer Tage. »Gut poliert ist schon gewonnen«, tituliert die *freundin. Eigenlob stimmt*, heißt ein Ratgeber für Karrierebewusste. Der gemeinsame Tenor: Ein starkes Selbstwertgefühl ist ein Zeichen für psychische Gesundheit und unverzichtbar für privaten und beruflichen Erfolg. Und: Während die meisten Männer das Eigenmarketing schon im Sandkasten perfektioniert haben, müssen Frauen erst noch lernen, ihre Ideen, Fähigkeiten und Erfolge unübersehbar ins Spiel zu bringen. Einige Möglichkeiten finden Sie im Folgenden:

Sprechen Sie mit Achtung und Respekt über sich. Selbsterkenntnis ist eine wunderbare Gabe, die Sie pflegen sollten – aber als Teil der psychologischen Selbsthygiene hinter verschlossenen Türen. Auch wenn es Ihnen noch so peinlich ist, dass Sie vergessen haben, die Angebotsunterlagen zu versenden, mit Selbstbezichtigungen sabotieren Sie sich nur: »Ich verstehe überhaupt nicht, wie mir so etwas passieren konnte. Was müssen Sie nur von mir denken? Dabei habe ich mir extra gestern Nachmittag noch eine Notiz gemacht ...« Schlagen Sie lieber eine Lösung vor, die den Schaden in Grenzen hält und den Kunden beruhigt, trotz des Versäumnisses in besten Händen zu sein: »Das tut mir sehr Leid. Vielen Dank, dass Sie mich gleich angerufen haben. Kann ich Ihnen die Dokumente schon mal vorab als Attached-Mail schicken?«

Nennen Sie Ihre Fähigkeiten beim Namen. Wenn Sie im Vorstellungsgespräch nach Ihren wichtigsten Talenten gefragt werden, sollten Sie nicht lange überlegen müssen. Wer sein D.A.T.A-Profil kennt, formuliert knapp und im einprägsamen Dreischritt: »Inhalte schnell erfassen, Probleme nüchtern analysieren, Menschen für eine Idee begeistern.« Oder: »Ich bin allein erziehende Mutter – flexibel, belastbar und effizient im Organisieren.«

Lernen Sie von den Spin-doctors. Die verstehen es nämlich, den Dingen den richtigen Dreh zu geben (engl. *to spin*, drehen; auch: sich etwas ausdenken). Was Wahlkampfmanagern wie George Stephanopoulos, Peter Mandelson oder Bodo Hombach recht war, darf uns im Alltag billig sein: Natürlich wissen Sie selbst genau, dass es nicht besonders originell ist, die schwer zu beschenkenden Vorzimmerdamen alle Jahre wieder mit einem wahlweise singenden, posaunenden oder geigenden Tonengel zu beglücken. Aber warum sollten Sie das allzu offen thematisieren? Präsentieren Sie die Verlegenheitsgabe lieber als schöne Tradition und Ausdruck Ihrer langjährigen Zusammenarbeit. Damit werten Sie nicht nur sich und Ihr Geschenk, sondern auch das Selbstwertgefühl der Mitarbeiterinnen auf.

Erzählen Sie von überwundenen Schwierigkeiten. »Den Start finanzierten wir mit dem Privatkredit einer Tante. In der Wachstumsphase fragten wir Profis: Fünf Banken hielten uns für Spinner und winkten ab. Der mutige Filialleiter unserer jetzigen Hausbank nahm die Erweiterung des Dispokredits auf seine eigene Kappe.« Solche Anekdoten tragen zur Legendenbildung bei und sind gut geeignet, ein bereits positives Image zu verstärken. Wenn Sie mit Ihrer neuen Firma noch in den Kinderschuhen stecken, ist dagegen Vorsicht geboten.

Die fatale Kehrseite: Selbstglorifizierung

Selbstvermarktung ist o.k. und notwendig – solange sie sachlich, mit einem Schuss Selbstironie und ohne Eitelkeit und Größenwahn betrieben wird. Sonst schinden Sie nämlich nicht Eindruck, sondern Ihr Publikum.

Verzichten Sie auf Name-dropping. Wer bei jeder Gelegenheit einfließen lässt, mit dem 2. Bürgermeister per Du und dem Sparkassen-Direktor verwandt zu sein, outet sich als kleines Licht, das es nötig hat, sich im Glanz der großen Stars (oder was er dafür hält) zu sonnen. Und wer als Siemens- oder SAP-Mitarbeiter ein kritikloses Loblied auf die deutsche Softwareindustrie singt (»Bill Gates – kannst du vergessen«), versucht allzu offensichtlich, etwas vom Image seines Arbeitgebers auf seine Person zu transferieren.

Demonstrieren Sie auch mal Bescheidenheit. Auch wenn Selbst-PR ein wichtiger Fortkommensfaktor ist – es gibt Glückssträhnen, in denen man Wohlstand, Begabung oder geistige Überlegenheit besser sehr zurückhaltend vorzeigt. Nicht jeder vermag sich selbstlos mit uns zu freuen, wenn wir in einem Atemzug erzählen, den 2. Preis im Architekturwettbewerb gewonnen, den neuen Firmenwagen abgeholt und über die Faschingstage einen Kurztrip nach Aspen, Colorado, gebucht zu haben – Helicopterskiing inklusive.

Nehmen Sie sich nicht so wichtig. Wer schon oben ist, braucht sich nicht mehr als der Größte aufzuspielen. Sondern kann es sich augenzwinkernd leisten, sich auch mal selbst auf die Schippe zu nehmen – so wie Boris Becker in seinem Werbespot für den Internet-Anbieter AOL: »Ich bin ja schon drin. Das war alles? Das ist ja einfach.«

Betonen der eigenen Werthaltung

Niemand soll auf die Idee kommen, es ginge uns bei Gehaltsverhandlungen primär ums Geld oder wir würden uns gegen die Rechtschreibreform womöglich nur deshalb sperren, weil wir keine Lust haben, fünfmal öfter als bisher im Duden nachzuschlagen. Nein, es geht uns einfach darum, endlich unseren Einsatz bei der Einführung des neuen Abrechnungssystems gewürdigt zu sehen. Und was die neuen Rechtschreibregeln betrifft: Ist es um einer Vereinfachung willen wirklich vertretbar, die Sprache Goethes und Thomas Manns in ihren Grundfesten zu erschüttern?

Hinter solchen Argumenten kann ehrliche Überzeugtheit stehen. Häufig dienen sie uns aber dazu, unser Image aufzupolieren: Schließlich sind der Wunsch nach Anerkennung und geistige Bedenken vorzeigbarer als unfeine Geldgier und fortschrittsfeindliche Bequemlichkeit. Achten Sie einmal darauf, wie oft wir im Alltag unsere Werte betonen: unsere Fairness, unsere Uneigennützigkeit, unsere Ehrlichkeit.

... »Es geht mir um eine sachliche Auseinandersetzung.«
... »Es entspricht nicht meiner Mentalität, mich hinter einer Wagenburg zu verschanzen.«
... »Es geht nicht um mein persönliches Prestige. Es geht um das Ansehen der Justiz in der Öffentlichkeit und um ihre Glaubwürdigkeit.«
... »Unser Katastrophendienst ist seit über vierzig Stunden im Einsatz und hat Übermenschliches geleistet.«
... »Im Interesse unserer Kinder müssen wir ...«
... »Lassen Sie uns doch vernünftig miteinander reden.«

Solche Appelle können aber noch mehr leisten, als die eigene Person aufzuwerten und dem Gegenüber den Wind aus den Segeln zu nehmen. Richtig eingesetzt sind sie auch dazu geeignet, das Publikum zu inspirieren, bei der Stange zu halten, mitzureißen und vielleicht sogar zu Höchstleistungen anzuspornen. Ein legendäres Beispiel dafür war John F. Kennedys Appell an seine Landsleute: »Frage nicht, was dein Land für dich tun kann, frage, was du für dein Land tun kannst.«

Die fatale Kehrseite: Die moralische Keule

Einem höheren Ideal verpflichtet zu sein ist eine starke Waffe: Es ist schwer, einem Menschen etwas entgegenzusetzen, der Werte wie Solidarität, Loyalität, Innovation, Gerechtigkeit, Kundenfreundlichkeit, Gemeinwohl, Zukunftsorientiertheit oder Uneigennützigkeit im Munde führt. Umso wichtiger ist es, dass Sie das Pochen auf Ihre höheren Ideale nicht übertreiben.

Vermeiden Sie Scheinheiligkeit. Wer sich nie dazu bekennt, auch mal einen niedrigen Beweggrund für einen Standpunkt zu haben, wirkt irgendwann scheinheilig. Und wer in jeder Diskussion den Moralapostel herauskehrt, verabreicht den anderen eine bittere Medizin: Allzu viel Moralin schluckt niemand gern.

Vermeiden Sie es, andere moralisch unter Druck zu setzen. Eigene Werthaltungen zu betonen ist legitim. Urteile über die Werthaltungen anderer abzugeben ist nicht nur unfair, sondern meistens auch unklug. Niemand sieht seine Motive gerne in Zweifel gezogen – während Sie sich selbst mit einem Heiligenschein versehen. Vermeiden Sie es deshalb, sich selbst als rechtschaffen und wohlmeinend und Ihr Gegenüber als uneinsichtig und egoistisch hinzustellen: »Ich habe geglaubt, mit Ihnen könnte man reden.« – »Gerade von Ihnen hätte ich mehr Unterstützung erwartet – nach allem, was ich für Sie getan habe.« – »Wenn Sie mich zwingen würden, Ihnen noch weiter entgegenzukommen, würde ich denken: Nein, diese Leute sind nicht nett.«

Werden Sie Ihren hohen Idealen gerecht. Wer hoch steigt, kann tief fallen. Je ethischer und uneigennütziger Sie sich geben, desto mehr wird Ihre Umgebung erwarten, dass Ihr Verhalten mit Ihren Worten übereinstimmt. Wird diese Erwartung enttäuscht, ist ein Imageverlust vorprogrammiert: Wer sich auf das Podest der Vorbildlichkeit stellt, ist schneller entzaubert als ein Konkurrent, der erst gar keine hehren moralischen Ansprüche erhoben hat.

Werben um Verständnis

Nicht nur Mütter kurz vor Weihnachten und schnupfenkranke Männer beherrschen sie: die Mitleidstour, mit der sie sich unsere Zuwendung in Form von Anwesenheit unterm Christbaum und frisch gebrühtem Kräutertee sichern. Fast jeder von uns versteht es, andere mit sanftem Druck um den Finger zu wickeln.

Entschuldigend: »Sei mir nicht böse, dass ich mich so lange nicht gemeldet habe. Bei uns war in den letzten Wochen Land unter.«

Auf die Einhaltung von Terminen drängend: »Es wäre schön, wenn Sie den Fernseher noch vor diesem Wochenende liefern könnten. Samstagabend läuft *E-Mail für dich* zum ersten Mal im Fernsehen. Ich freue mich schon seit Wochen darauf.«

Delegierend: »Ich weiß, dass der Fall schwierig ist. Könnten Sie das Mandat trotzdem für mich übernehmen? Ich komme momentan wegen der Sache Meisler-Kiel einfach nicht dazu.«

Abschmetternd: »Frau Deubach, Sie wissen, wie sehr wir Ihre Arbeit schätzen. Aber leider: In der jetzigen wirtschaftlichen Situation ist eine Gehaltserhöhung einfach nicht möglich. Bitte haben Sie Verständnis für meine Situation. Lassen Sie uns im Herbst noch einmal darüber sprechen.«

Meistens geht unsere Taktik auf: Unser Gegenüber kann sich dem Appell an sein Einfühlungsvermögen, sein Entgegenkommen, seine Rationalität oder Solidarität nämlich nur schwer entziehen. Das Werben um Verständnis drückt ja immer auch aus, dass wir dem Anderen vertrauen und ihm etwas zutrauen. Viele Menschen kämen sich kaltherzig vor, wenn sie die Hoffnungen enttäuschen würden, die wir in sie zu setzen scheinen – vor allem dann, wenn sie uns schätzen oder sich geschmeichelt fühlen, dass wir so offen mit ihnen über unsere Probleme reden.

Die fatale Kehrseite: Emotionale Erpressung

Gegenseitiges Verständnis erleichtert das menschliche Miteinander. Wer allerdings die Grundregeln des Gebens und Nehmens immer wieder und auf Dauer verletzt, schießt sich imagemäßig ein Eigentor: Entweder er macht sich unbeliebt, weil er die Geduld der anderen überstrapaziert, oder er läuft Gefahr, irgendwann als »Sozialfall« zu gelten, den die anderen längst abgeschrieben haben.

Marie, eine 43-jährige Hauptschullehrerin, ist Mutter von zwei Teenies. Um Job und Familie besser miteinander vereinbaren zu können, bat sie nach dem Erziehungsurlaub den Rektor an ihrer Schule, ihr den Nachmittagsunterricht zu ersparen und die Betreuung der Schulbibliothek, für die sie bisher zuständig war, einem Kollegen zu übertragen. Ein verständlicher Wunsch, der ein paar Jahre lang auch ohne Diskussion erfüllt wurde. Bis Marie irgendwann begann, das Entgegenkommen von Schulleitung und Kollegen als ihr verbrieftes Recht zu betrachten. Obwohl mittlerweile beide Kinder im Gymnasium sind, findet sie immer noch Gründe, Sonderaufgaben von sich zu weisen: die Pubertätsprobleme ihres Ältesten, die besonders schwierige Klasse, die sie zurzeit leitet, und seit neuestem auch noch ihr Alter: »Ich finde, das sollen die jüngeren Kollegen machen. Die haben dafür noch bessere Nerven.« Doch deren Geduldsfaden ist längst gerissen. Das Werben um Verständnis funktioniert nur begrenzte Zeit.

Rechtfertigung

Im Gegensatz zu den bisher beschriebenen, eindruckssteuernden Techniken dienen rechtfertigende Verhaltensformen nicht dem Imageaufbau, sondern der Imageverteidigung. Sie kommen immer dann ins Spiel, wenn wir meinen, unser Image könnte gefährdet sein: Wenn ein Kollege uns die Schuld an der Budgetüberschreitung gibt. Wenn der Chef zufällig Zeuge eines längeren privaten Telefongesprächs wurde. Und sogar, wenn mitten in der Besprechung laut und vernehmlich der Magen knurrt. Welche Rechtfertigungstaktiken wir in solchen Situationen in welcher Abfolge und welcher Kombination einsetzen, hängt von den Umständen und der Bedrohlichkeit eines Ereignisses für unser Image ab.

Vorwürfe zurückweisen: Am besten ist es natürlich, wenn es uns gelingt, unser Gegenüber davon zu überzeugen, dass wir über jeden Verdacht erhaben sind.

... »Ich habe mir nichts vorzuwerfen.«
... »Das habe ich nie gesagt.«
... »Es hat keine Absicht zur Steuerverkürzung bestanden.«

Gewiefte Taktiker kombinieren die Taktik des Abstreitens gerne mit moralischer Entrüstung:

... »Ich verstehe den Vorwurfston dabei ehrlich nicht.«
... »Das ist wirklich lächerlich.«
... »Wir suggerieren überhaupt nichts.«

Hinhalten: Mit dieser Taktik halten wir uns bedeckt und sondieren erst einmal das Feld. Ein Beispiel dafür findet sich in Dietrich Schwanitz' Universitätsroman *Der Campus*: Darin wird der Protagonist, der Soziologieprofessor Hanno Hackmann, beschuldigt, eine Studentin sexuell belästigt zu haben. Hackmann weist die Vorwürfe weder zurück, noch bestätigt er sie:

Wir alle im Insititut sind naturgemäß tief betroffen, dass so etwas bei uns vorgekommen sein soll. So eine Anklage bringt natürlich Unruhe in die Abteilungen, vor allem seit es diesen öffentlichen ...«, er wollte sagen »Rummel«, besann sich aber, »dieses öffentliche Aufsehen gibt.«[25]

Schönreden: Wir räumen ein, dass sich der kritisierte Vorfall ereignet hat, machen aber mildernde Umstände geltend: Andere handeln genauso (oder noch schlimmer); der Vorfall ist eine Ausnahme, die nicht wieder vorkommen wird; Sachzwänge ließen uns keine andere Wahl.

... »Das beruht auf einem falschen Verständis der Situation.«

... »Das tun wir immer, das ist allgemein üblich.«

... »Das ist mir aber unangenehm. Da telefoniert man einmal privat – tja, Murphy lässt grüßen.«

... »Ich sah in dieser Situation keine andere Möglichkeit.«

Fehler eingestehen: Eines können wir aus dem Wirbel um Bill Clintons Affäre mit der Praktikantin Monica Lewinsky lernen: Manchmal ist ein Eingeständnis ohne Wenn und Aber der klügere Weg. Denn ganz gleich, was es einzugestehen gilt – die Übernahme von Verantwortung wirkt alle Mal ehrenhafter und mutiger als ein würdeloses Herumlavieren, vor allem, wenn sich die Beschuldigungen letztlich doch als in vollem Umfang wahr erweisen.

In der Wirtschaft hat man das übrigens längst erkannt: Shell und Daimler zum Beispiel konnten sich sehr schnell aus dem Schussfeuer der Kritik retten, indem sie die Probleme mit der Bohrplattform Brent-Spar bzw. der A-Klasse offensiv angingen und die volle Verantwortung dafür übernahmen. Durch das Demonstrieren von Offenheit und Ehrlichkeit, verbunden mit der Botschaft »Wir haben unsere Lektion gelernt«, wurde den Kritikern der Wind aus den Segeln genommen. Der drohende Imageverlust wurde in einen Imagegewinn umgemünzt.

Das sollten Sie vermeiden

Wer sich rechtfertigen muss, steht im Brennpunkt der Kritik und wird argwöhnisch beobachtet. Ihr Publikum ist weniger als sonst bereit, Ihre Selbstdarstellung wohl wollend und taktvoll zu unterstützen. Taktieren würde Sie in dieser Situation noch tiefer hinab in den Strudel ziehen. Setzen Sie deshalb alles daran, als ehrlich, kooperativ und fair wahrgenommen zu werden.

Hartnäckiges Leugnen: Lügen haben kurze Beine. Werden sie aufgedeckt – und die Wahrscheinlichkeit dafür ist hoch in einer Gesellschaft, in der die Medien lauern und die Konkurrenz nicht schläft –, ist der Verlust an Glaubwürdigkeit meist nicht mehr gut zu machen. Sind die gegen Sie erhobenen Vorwürfe gerechtfertigt, kann hartnäckiges Leugnen mehr schaden als nützen.

Die Salami-Taktik: Es ist ein nahe liegender Gedanke, immer nur gerade so viel zuzugeben, wie die Gegenseite schon weiß. Allerdings: Wenn Sie damit rechnen müssen, dass scheibchenweise immer neue Informationen ans Tageslicht kommen, machen Sie lieber kurzen Prozess und decken Sie die Karten auf. Die Spenden-Krise der CDU hat es exemplarisch vorgeführt: Herr der Affäre kann nur bleiben, wer in die Offensive geht und von sich aus reinen Tisch macht – statt zu warten, bis die Eigendynamik der Ereignisse und Erkenntnisse die Betroffenen immer tiefer in den Strudel hinabzieht.

Zum Gegenangriff ausholen: Es zeugt nicht eben von Klasse, einen Gegenspieler zu diffamieren oder anzugreifen, dessen Anschuldigungen – wie Sie wohl wissen – berechtigt sind. Dazu kommt: Mit Angriffslust bringen Sie die Gegenseite erst recht gegen sich auf. Seien Sie deshalb vorsichtig mit Äußerungen wie: »Den Schwachsinn kann man doch nicht ernst nehmen.« Oder: »Haben Sie mal überlegt, dass Frau Langner das alles erfindet?« Ausfallende Auftritte wirken nicht entlastend, sondern bestätigen nur, dass Sie Gefahr wittern.

6 Lernen Sie die Dramaturgie des Image-Design kennen

> Warum Sonia? Warum keiner der anderen viel versprechenden Kandidaten, die im Theater und dessen Umfeld arbeiteten, machmal ohne Bezahlung und für ein Butterbrot? Eben weil sie da war. Sie war einfach überall. »Dreh einen Stein um, und du wirst sehen, sie hockt drunter«, spottete Patrick. Sie war als Aushilfe in das Green Bird gekommen und sofort unentbehrlich geworden. So einfach war das.
>
> Doris Lessing, UND WIEDER DIE LIEBE

Eindrücke sind Momentaufnahmen. Eine temperamentvoll erzählte Geschichte: Lebensfreude. Eine treffende Antwort auf eine spitzfindige Frage: Geistesgegenwart. Knallrote Schuhe zum schlichten Kostüm: Eigenwilligkeit. Eine tröstende Geste: Fürsorglichkeit. Eine gut erzählte Geschichte: Temperament. Ein trotz widriger Umstände eingehaltener Liefertermin: Verlässlichkeit. Ein strahlendes Lächeln: Charisma.

Solche Eindrücke zu schaffen erfordert Stil und eine gekonnte Inszenierung: die Fähigkeit, viele ganz unterschiedliche Elemente unter einen Hut zu bringen, der attraktiv aussieht, seinem Träger oder einer Trägerin gut zu Gesicht steht und zum Anlass passend ausgewählt ist. Das gewisse Etwas eben, das wir mit Ausnahmepersönlichkeiten wie John F. Kennedy, Audrey Hepburn, Herbert von Karajan oder Marcel Reich-Ranicki assoziieren und das sich jeder Analyse zu entziehen scheint. Was haben sie, was wir nicht haben? Für einen Moment scheint die Antwort auf der Hand zu liegen: Eine außergewöhnliche Begabung und – damit verbunden – vermutlich einen starken Glauben an sich selbst. Andererseits: Wir alle kennen Politiker, Schauspielerinnen, Dirigenten und Literaturkritiker, deren Leistungen wir schätzen, ohne sonderlich fasziniert von ihrer Persönlichkeit zu sein. Offenbar verleihen intellektuelle, sportliche oder kulturelle Höchstleistungen nicht automatisch auch Charisma.

Genauso wenig muss Ausstrahlung angeboren sein. Wer zum Beispiel die Entwicklung von Anne-Sophie Mutter, Steffi Graf oder Boris Becker mitverfolgt hat, weiß: Sie haben sich die Persönlichkeit, die sie heute – einmal ganz abgesehen von ihrem Ausnahmetalent – ausstrahlen, in kleinen Schritten erarbeitet. Es dauerte viele Jahre, bis Steifheit sich in ungezwungene Gelöstheit, Ungeschicktheit in Souveränität, badische Provinzialität in Weltläufigkeit verwandelt hatte. In vielen Zwischenstadien verschmolzen persönliche Eigenheiten und konsequent genutzte Karrierechancen zu einer stimmigen Melange. Offensichtlich lassen Ausstrahlung und Wirkung sich also in so unterschiedliche Elemente wie Mimik und Gestik aufschlüsseln, Wortwahl und Körpersprache, Stil und *style*, Erziehung und Erfahrung, Medienkompetenz und finanzielle Möglichkeiten.

Ist das gewisse Etwas also doch trainierbar? Seine Einzelelemente sind es auf jeden Fall. Allerdings: Die eigentliche Kunst besteht darin, sie so miteinander zu kombinieren, dass echte und überzeugende Eindrücke entstehen, die das Publikum zu den gewünschten Schlussfolgerungen veranlassen. Die Regeln und Prinzipien dafür beschreibt dieses Kapitel.

Dabei sein

Image-Design ist ein Kommunikationsprozess. Jede Diskussion darüber wäre hinfällig, wenn wir es konsequent vermeiden würden, gesellschaftliche Verpflichtungen wahrzunehmen, Kundengespräche zu führen, uns in Besprechungen zu Wort zu melden oder gar an einer Podiumsdiskussion teilzunehmen. Zwar kommunizieren auch Schneckenhäusler und Einzelkämpfer mit ihrer Umwelt – aber ihre Botschaft weist immer nur in eine Richtung: »Kommt mir nicht zu nahe. Ich kann mich sehr gut alleine durchschlagen. Ich brauche kein Vitamin B. Ich möchte mich nicht exponieren. Menschenmassen machen mir Angst.« Häufig manövrieren sich Einsiedlerkrebse mit ihrem zurückhaltenden Auftreten ins Aus und werden nicht mehr wahrgenommen. Physische und psychische Präsenz sind deshalb eine Grundvoraussetzung des Image-Designs.

Seien Sie sichtbar

Nur wer sich sehen lässt, erwirbt sich Ansehen. Und nur wer sich zu Wort meldet, hat etwas zu melden. Wer Einfluss nehmen, Wirkung entfalten und auf der Karriereleiter vorankommen möchte, muss sich deshalb klar machen: Dabei sein ist zwar nicht alles, aber eben doch sehr viel. Denn wo sonst, wenn nicht in Meetings und Seminaren, bei Betriebsfesten und beim Plausch in der Teeküche, bei der Eigentümerversammlung, beim Wohltätigkeitsball, im Elternbeirat oder beim Neujahrsempfang können Sie Ihre Vorstellungen einbringen, Ihr Know-how unter Beweis stellen und sich für weiterführende Aufgaben anempfehlen?

Der amerikanische Wissenschaftler Fred Luthans und seine Mitarbeiter stellten in einer Studie an 450 Managern fest: Die Manager, die am schnellsten Karriere machten, verbrachten fast die Hälfte ihrer Arbeitszeit mit der Pflege von privaten und professionellen Kontakten. Damit widmeten sie dem Networking etwa viermal so viel Aufmerksamkeit wie die Manager, die fachlich die besten Leistungen erbrachten.[26]

Seien Sie präsent

Als Dozentin für berufliches Schreiben erlebe ich es jedes Semester neu: Es gibt zwei Sorten von Studenten. Diejenigen, die vorne sitzen, regelmäßig einen Diskussionsbeitrag leisten und mich nach der Vorlesung auch mal ansprechen. Und diejenigen in den hinteren Reihen, die höchstens reden, wenn sie gefragt werden. Natürlich war ich selbst lange genug Studentin, um zu wissen, dass das Engagement der ersten Gruppe nicht unbedingt von brennendem Interesse an meinen Ausführungen zeugt, sondern oft nur der gezielten »Gesichtspflege« dient. Trotzdem geht die Rechnung auf: Studenten, die sich – aus welchen Gründen auch immer – beteiligen, sind mir nach kurzer Zeit bekannt und meistens sympathisch. Der schweigende Rest bleibt grau und namenlos – es ist beinahe so, als wäre er gar nicht da.

Physische Anwesenheit allein ist also nicht genug. Wenn wir der Beschwerde eines Kunden nur mit halbem Ohr folgen, in der Teambesprechung vor der Sommerpause mit den Gedanken schon in der Toskana sind oder uns beim Messeempfang primär auf das kalte Buffet konzentrieren, hätten wir im Grunde gleich zu Hause bleiben können. Unser Blick richtet sich nämlich in solchen Momenten ins Leere, wir schalten ab, die Anspannung unseres Körpers lässt nach. Unser Gegenüber spürt, dass wir uns innerlich verabschiedet haben. Wir wirken gleichgültig und unhöflich. Beides ist Gift für unser Image.

Wenn Sie öffentliche Auftritte anstrengend und Zeit raubend finden, lautet deshalb die Devise: Wenn die Möglichkeit dazu besteht, geben Sie bei Besprechungen, Feiern und gesellschaftlichen Events ein kurzes, dafür aber intensives Gastspiel. Für kurze Zeit voll da zu sein hinterlässt einen nachhaltigeren Eindruck, als bis zum Schluss mit halber Kraft dabei zu sein.

Glaubwürdig wirken

So seltsam es klingt: Um glaubwürdig zu sein, reicht es nicht immer, ehrlich zu sein. Wenn Bundeskanzler Gerhard Schröder öffentlich teure Zigarren raucht und Kaschmirmäntel trägt, ist das sicherlich Ausdruck der Freude an den schönen Dingen des Lebens. Sein Genuss daran ist ehrlich oder, um in der Sprache der Psychologie zu bleiben, *selbstkongruent*. Trotzdem führte Schröders Lebensstil zeitweise dazu, dass er seine Botschaft,

»Wir müssen den Gürtel enger schnallen«, nicht glaubwürdig vermitteln konnte.

Ehrlichkeit und Glaubwürdigkeit sind also nicht unbedingt Synonyme: Ehrlichkeit bedeutet, sich dem eigenen Empfinden gemäß darzustellen. Glaubwürdigkeit bedeutet, sich so darzustellen, dass das Publikum die Selbstdarstellung als plausibel akzeptiert. Glaubwürdig ist somit der, von dem die anderen glauben, dass er nicht lügt.[27]

Spielen Sie die richtige Rolle

Jeder von uns spielt im Leben viele Rollen. Je nachdem, in welchem Kontext wir agieren, ist demnach ein anderes Verhalten angesagt. Selbst wenn Sie für nächste Woche Karten für die Opernpremiere mit Cecilia Bartoli haben: Wenn Sie das überraschende Angebot bekommen, Ihren Projektleiter bei dem Meeting in Seattle zu vertreten, wäre zögerndes Überlegen fehl am Platz: »Eigentlich haben wir für nächste Woche Karten für die Staatsoper. Kann ich es mir bis morgen überlegen?« Stattdessen ist Begeisterung gefragt: »Danke, auf so eine Chance warte ich seit Monaten. Sie können auf mich zählen.«

Geschickte Eindrucksmanager vollziehen diese Anpassung ganz automatisch. Menschen mit einem hohen »Echtheits«-Anspruch fällt es dagegen schwer, Diskrepanzen zwischen dem privaten Denken und Fühlen und den Anforderungen öffentlicher Rollen auszuhalten. Deshalb ignorieren sie die Erwartungen des Publikums – und wirken auf ihr Gegenüber, als würden sie im falschen Stück auftreten. Schlimmer noch: Sie veranlassen den Gesprächspartner zu Schlussfolgerungen, die weder den Tatsachen noch ihrer Kommunikationsabsicht entsprechen.

Klar: Sie haben für die Opernkarten drei Stunden angestanden und pro Karte über zweihundert Mark bezahlt. Und jeder Opernfreund kann nachvollziehen, was es Ihnen bedeutet, Cecilia Bartoli live in *Don Giovanni* zu sehen. Nur: Ihr Projektleiter denkt in anderen Kategorien. Bei ihm entsteht der Eindruck,

Ihnen sei ein privates, nachholbares Vergnügen wichtiger als eine außergewöhnliche Karrierechance. Wenn Sie also möchten, dass Ihr Chef Sie weiterhin als High-Potential fördert, müssen Sie sich rollengerecht verhalten und anderweitige Interessen hintanstellen. Nicht immer ist es möglich, den Kuchen zu behalten und zu essen!

Machen Sie nie den Eindruck, Eindruck machen zu wollen

Für das Image-Design gilt das Gleiche wie für die Produktwerbung: Dezente PR bringt mehr als marktschreierische Reklame. Deshalb wirken Sie am besten, wenn niemand auf die Idee kommt, dass Ihr Verhalten durchaus auch auf Wirkung bedacht ist.

Ein Beispiel: Wenn im Gespräch mit Kunden zufällig die Rede darauf kommt, dass Sie Ihre Ausbildung als Hotelfachfrau durch ein Praktikum im Hamburger Vierjahreszeiten abgerundet haben, so ist das sicherlich ein Pluspunkt für Ihr Image – umso mehr, wenn Sie keine große Sache daraus machen und das Gespräch sich schnell wieder anderen Themen zuwendet. Schlecht wäre es dagegen, wenn Ihre Gesprächspartner den Eindruck gewinnen würden, Sie hätten das Gespräch bewusst in eine Richtung gelenkt, in der Sie mit Ihren Fähigkeiten glänzen können. Auch dann können sie zwar nicht umhin, Ihren herausragenden fachlichen Hintergrund zu registrieren. Der abgenötigte Respekt aber wäre teuer bezahlt: Gesprächspartner, die sich von Ihren Selbstvermarktungstricks manipuliert und unangenehm berührt fühlen, entziehen Ihnen fast immer die Sympathie.

Ausnahmen bestätigen die Regel: Bei Gehaltsverhandlungen und Vorstellungsgesprächen zum Beispiel dürfen Sie Ihre Vorzüge ganz ungeniert ins Spiel bringen. In den meisten anderen Situationen aber ist Eindruckslenkung nur dann wirksam, wenn sie nicht offensichtlich ist.

Räumen Sie Schwächen ein

Das 20. Jahrhundert war nicht nur das Jahrhundert des Computers, es war auch das Jahrhundert der Psychologie. Nie vorher in der Geschichte waren breite Schichten so sensibilisiert für psychologische Zusammenhänge wie in den letzten dreißig Jahren. Die Folge: Immer weniger Menschen lassen sich von unkritischer Selbstgewissheit und zur Schau getragener Überlegenheit so ohne weiteres beeindrucken. Niemand mehr nimmt Ihnen den Wirtschaftsführer ohne Fehl und Tadel, die Karrierefrau ohne Zweifel und Anfechtungen, den Politiker ohne Kungelei und Machtgelüste ab.

Kluge Eindrucksmanager vermeiden es deshalb, sich immer und ausschließlich als grandioses Exemplar der Gattung Mensch zu präsentieren. Stattdessen beschränken sie die Selbst-PR auf die Bereiche, die für ihr Ansehen und Fortkommen wichtig sind, und räumen Schwächen in Bereichen ein, auf die es ihnen weniger ankommt. Wenn Sie also beruflich in den letzten Jahren die gleichaltrige Konkurrenz abgehängt haben, können Sie bei der Begegnung mit dem früheren Studienfreund ruhig zugeben, dass Sie auf dem Tennisplatz stark nachgelassen haben und regelmäßig von ihren Söhnen vom Platz gefegt werden.

Das Eingestehen kleiner Schwächen und Eigenheiten wirkt nicht nur offen und angenehm selbstironisch. Es sichert auch, dass die Gesprächspartner die angebotene Selbstdarstellung akzeptieren und nicht durch unpassende Reaktionen stören – zum Beispiel, indem sie das Thema wechseln, unbequeme Fragen stellen (»Und wie kommt deine Frau mit all diesen Umzügen zurecht?«) oder offenes Desinteresse demonstrieren.

Vermeiden Sie unvorteilhafte sekundäre Eindrücke

Fabian, Sciencefiction-Leser und studierter Philosoph, hat es geschafft: Mit gerade mal dreißig Jahren ist er Gründer und Mitgeschäftsführer einer kleinen, sich rasant entwickelnden Start-up-

Firma, die Strategiespiele und virtuelle Erlebniswelten erdenkt. Nachdem es ihm gelungen ist, den jüngsten Spieleerfolg teuer an einen amerikanischen Lizenznehmer zu verkaufen, lädt der lokale TV-Sender ihn zu einem kurzen Interview ein. Fabian ist sich seiner momentanen Berauschtheit am eigenen Erfolg bewusst. Um nicht arrogant zu wirken, erzählt er während der Aufzeichnung genauso viel von seinen bescheidenen Anfängen als Berater für Nintendo-Spiele wie von seinem jüngsten Coup. Als er sich später den Mitschnitt des Interviews ansieht, ist er mit seiner Selbstpräsentation im Großen und Ganzen zufrieden – wenn da nicht ein Schönheitsfehler wäre, den sein Partner gnadenlos offen legt:»Während der Anmoderation grinst du in die Kamera, als hättest du gerade drei Pfund Kaviar verdrückt.«

Das Video brachte an den Tag, was uns bei unserer Selbstdarstellung im Alltag oft verborgen bleibt: Zusätzlich zu den beabsichtigten *primären Eindrücken* vermitteln wir ungeplante *sekundäre Eindrücke*. Dieser zweite Kommunikationsstrom besteht im Wesentlichen aus nonverbalen Äußerungen. Er kann nicht nur dem geplanten ersten Kommunikationsstrom zuwiderlaufen, er ist auch schwerer zu kontrollieren. Das ist vor allem deshalb problematisch, weil unsere Gesprächspartner die Glaubwürdigkeit der primären Eindrücke anhand der sekundären Eindrücke überprüfen.

Für Fabians Medienauftritt bedeutet das: Weil seine verbale Selbstdarstellung und sein Gesichtsausdruck zwei verschiedene Botschaften übermitteln, nehmen die Zuschauer ihn nicht als locker wahr, sondern als jemanden, *der versucht, locker zu wirken*. Um sich die Diskrepanz zwischen den beiden Kommunikationsströmen zu erklären, stellen sie allerlei Theorien auf, die Fabian möglicherweise alles andere als willkommen sind. Denn ganz gleich, ob ein Zuschauer ihn nun als überheblich oder unsicher, manipulativ oder einfach unerfahren mit dem Medium Fernsehen einschätzt – und ganz gleich, ob diese Einschätzung stimmt oder nicht: Fabians Inszenierung eines selbstverständlichen Selbstbewusstseins ist empfindlich gestört.

Bleiben Sie im Einklang mit sich selbst

Unvorteilhafte sekundäre Eindrücke entstehen vor allem dann, wenn die Selbstdarstellung nicht authentisch ist – das heißt, wenn wir unsere Gefühle nicht offen ausdrücken können oder wollen. Darüber hinaus können Müdigkeit und Unsicherheit dazu führen, dass wir unser nonverbales Verhalten nicht richtig im Griff haben und unerwünschte Signale aussenden. Geben Sie sich in solchen Situationen nicht der Illusion hin, Ihrem Gegenüber könnten Widersprüche zwischen dem ersten und dem zweiten Kommunikationsstrom verborgen bleiben: Anscheinend ist nämlich die Fähigkeit des Publikums, vorgespiegelte Tugenden zu durchschauen, größer als unsere Fähigkeit, unser eigenes Verhalten zu manipulieren.[28]

Eine glaubwürdige Selbstdarstellung setzt deshalb voraus, dass der Unterschied zwischen dem, wie man sich gibt, und dem, wie man wirklich denkt und fühlt, nicht allzu groß ist. Wenn Sie das alljährliche Karaoke-Singen beim Sommerfest nur mit verkniffenem Gesicht mitmachen, wird das Ihrem Image mehr schaden als nützen. Vertrauenswürdiger und souveräner wirken Sie, wenn Sie auf Verhaltensweisen verzichten, zu denen Sie sich nicht fähig fühlen oder die Ihrem Verständnis von sich widersprechen. Das gelingt umso leichter, je besser Sie Ihr D.A.T.A-Profil kennen.

Die Situation definieren

Ich erinnere mich noch gut an meinen ersten Tag im ersten Job: Mein Chef hatte mir meinen Schreibtisch gezeigt, ich wechselte gerade die ersten Worte mit der Kollegin, mit der ich das Büro teilen sollte, da klingelte das Telefon, eine Mitarbeiterin der Personalabteilung brauchte noch ein paar Unterlagen, und ich hatte nichts zum Schreiben parat. Wie ich es von der Uni gewöhnt war, schnappte ich mir mit einer fragenden Geste Kuli und Notizzettel vom Schreibtisch der Kollegin. Nach dem Telefonat legte ich den Stift zurück – und bekam einen Satz zu hören, der mich rot anlaufen ließ und mir bis heute in den Ohren klingt:»Damit Sie es gleich wissen: Mit meinen Sachen bin ich eigen.« Peng. Das hatte gesessen. Von da ab war ich vorsichtig – und unser Verhältnis von höflicher Distanziertheit geprägt.

Es sind Momente ohne Wiederkehr: das erste Zusammentreffen mit dem neuen Marketingleiter, der Vorstellungstermin bei der Firma, die ganz oben auf der Wunschliste steht, die erste Begegnung mit den Eltern der Partnerin, die einleitenden Sätze des Verkaufsgesprächs, der erste Tag im Kluburlaub. Ihr Verlauf gibt das Skript für die weitere Entwicklung der Beziehung und etwaige künftige Begegnungen vor. Für den ersten Eindruck gibt es keine zweite Chance.

Setzen Sie Signale

Menschen, die es mit Ihnen zu tun bekommen, möchten sich orientieren können: Sie wollen wissen, in welchem Verhältnis sie zu Ihnen stehen, wie Sie selbst sich sehen und wie Sie behandelt werden möchten. In der Vergangenheit war das einfach: Beim Militär gab es Rangabzeichen, bei Behörden standen an den Türen Dienstbezeichnungen wie Posthauptschaffner oder Oberregierungsrat, der Leiter der Kreissparkasse wurde als»Herr Direktor« vorgestellt, die Ehefrau des Landarztes mit»Frau Doktor« angesprochen, die Arbeiter in der Werkshalle waren an ihrem Blaumann zu erkennen und die Angestellten im Büro an Anzug und Krawatte. Auch wenn wir heute darüber lachen: Rangabzeichen, Titel und Kleidervorschriften sprachen eine klare Sprache. Stellung, Rechte, Pflichten und Selbstverständnis eines Gesprächspartners waren daran leicht zu erkennen.

Heute müssen wir uns meistens mehr anstrengen: Wie wir gesehen und behandelt werden, das muss mit jedem fremden Gesprächspartner neu ausgehandelt werden. Wohlklingende Funktionsbezeichnungen helfen dabei nur, wenn Ihr Umfeld weiß, was man sich unter einem Principal Consultant, einem High Volume Maintenance Engineer oder einem Project Leader after Market Service vorzustellen hat.

Bei den meisten Begegnungen werden wir deshalb danach eingeschätzt, wie wir stehen und gehen, wie wir uns ausdrücken und wie gut wir mitreden können, wie rein unsere Haut ist und wie gepflegt unsere Schuhe, welche Zeitung wir unter den Arm geklemmt haben, mit welchem Verkehrsmittel wir gekommen sind, wie organisiert unser Büro wirkt, nach dem wievielten Klingeln wir ans Telefon gehen, ob wir Überstunden machen oder nicht, ob unser Lächeln warmherzig wirkt oder gezwungen, wie wir auf Kritik reagieren – die Liste ließe sich beliebig fortsetzen. Inszenieren Sie deshalb jede erste Begegnung mit besonderer Sorgfalt. Sie ist die Premiere. Wenn sie gelingt, ergibt sich alles Weitere meist von selbst.

Schaffen Sie eine imageförderliche Kulisse

Haben Sie schon mal darüber nachgedacht, dass der überquellende Aschenbecher einem Außenstehenden möglicherweise mehr über den Fortgang Ihres Projekts verrät als Ihr wöchentlicher Statusbericht? Dass es Patienten geben soll, die die Arztpraxis wechseln, weil sie an dem zerfledderten Zeitschriftenangebot im Wartezimmer Desinteresse am Wohlbefinden der Patienten ablesen? Und dass ein aufmerksamer Beobachter nach einer kurzen Fahrt in Ihrem Auto unter Umständen mehr über Sie weiß als nach zwanzig Minuten Smalltalk? Das Büro, in dem Sie arbeiten, das Restaurant, in das Sie einladen, die Wohnung, in der Sie leben, sprechen eine klare Sprache. Unterschwellig vermitteln sie, wer Sie sind.

Natürlich nennt nicht jeder ein holzgetäfeltes Büro in der Vorstandsetage oder ein Industrieloft mit Eichenparkett und original italienischer Espressomaschine sein Eigen. Und wahrscheinlich genießen Sie auch nicht den Luxus einer Vorzimmerdame, die überraschende Besucher anmeldet und es Ihnen damit ermöglicht, rasch wieder in die Schuhe zu schlüpfen und das Jackett geradezurücken, ehe Sie dem Gast korrekt gestylt entgegentreten. Trotzdem: Auch im kleineren Maßstab haben Sie die Möglichkeit, sich mit *wenigen* schönen, ergonomischen Dingen zu umgeben, die von Geschmack, Ästhetik und Organisiertheit zeugen. Vor allem im Büro gilt: Ihr Arbeitsplatz ist die Bühne, auf der Sie sich präsentieren. Kalendersprüche, ungespülte Kaffeetassen, leere Flaschen unter und überquellende Einkaufstüten neben dem Schreibtisch sind Teil Ihres Privatlebens, gehören auf die Hinterbühne und nicht auf die Vorderbühne und wirken alles andere als professionell. Setzen Sie lieber auf aufgeräumte Klarheit, und lassen Sie Türen anbringen vor den mit Ordnern und alten Softwarepaketen vollgepropften Regalen – oder trennen Sie sich von den Altlasten. Ersetzen Sie die ausgedienten Senfgläser, in denen Sie Saft und Mineralwasser anbieten, durch Rippgläser aus amerikanischem Pressglas. Trennen Sie sich von den vergilbten Cartoons und hängen Sie stattdessen zwei gerahmte Schwarzweißfotografien auf.

Besonders wichtig ist ein professionelles, effizient wirkendes Ambiente, wenn Sie sich gerade erst selbstständig gemacht haben. Die Ein-Mann-Kanzlei im Dachstudio, der kosmetische Behandlungsraum neben dem Esszimmer oder die Garagenfirma im Wohnhaus der Eltern haben nur dann eine Chance, wenn ihre Einrichtung das familiäre Umfeld vergessen lässt. Sie mit der ausgedienten Coachgarnitur auszustatten, die Ihnen im Wohnbereich nicht mehr gefällt, wäre falsch verstandene Sparsamkeit.

Haben Sie ein Ohr für die Geräuschkulisse

Auch die Geräuschkulisse, in der Sie leben und arbeiten, trägt zu Ihrer Außenwirkung bei. Das gilt besonders für Freiberufler und Telearbeiter, die einen Großteil ihrer Außenkontakte über das Telefon abwickeln. Weil Berufs- und Privatleben bei ihnen eng miteinander verwoben sind, verlieren sie leicht das Bewusstsein dafür, was Anrufer am Telefon so alles mitbekommen: tobende Kinder im Hintergrund, Spülmaschinengeräusche aus der Küche und ein Partner, der Sie unwillig ans Telefon holt (»Schon wieder für dich«) wirken weder professionell noch sonderlich engagiert. Ihrem Image zuliebe sollten Sie Abhilfe schaffen.

Beeinflussen Sie die Eröffnungspartie

Die Situation: Termin beim Chef. Sie klopfen an und betreten den Raum. *Szenario 1:* Ihr Chef bedeutet Ihnen mit einer knappen Bewegung, auf dem Stuhl vor seinem Schreibtisch Platz zu nehmen, und sagt: »Lassen Sie uns gleich zur Sache kommen.« – *Szenario 2:* Ihr Chef erhebt sich, kommt hinter dem Schreibtisch hervor, gibt Ihnen die Hand, klopft Ihnen auf die Schulter, bietet Ihnen einen Platz in der Sitzecke an und begrüßt sie: »Herr Müller, wie schön, dass Sie gleich kommen konnten.« – *Szenario 3:* Ihr Chef schaut kurz von den Akten hoch, sagt: »Da sind Sie ja, Müller«, und wendet sich wieder seinen Unterlagen zu. Wenige Signale genügen, und Sie wissen Bescheid, unter welchem Vorzeichen eine Begegnung stehen wird. An der Form der Begrüßung können Sie ablesen, wie gern Sie gesehen sind. An der Sitzordnung, welchen Platz Sie in der Wertschätzung des Gesprächspartners einnehmen. An der räumlichen Nähe oder Distanz, wie nahe der andere Sie an sich heranlassen möchte.

Wie beim Schach kommt im Umgang mit Menschen der Eröffnungspartie eine entscheidende Bedeutung zu: Wer sich gleich zu Anfang in eine günstige Position bringt, kann am Ende das Rennen leichter für sich entscheiden. Unter anderem spielen dabei die folgenden Faktoren eine Rolle:

- Der Treffpunkt – bei uns oder bei ihnen? Bei ihm oder bei mir?
- Die Platzwahl – im Zentrum der Macht oder beobachtend-abwartend an der Peripherie? In Konfrontation zueinander an gegenüberliegenden Tischseiten? Oder kooperationsförder-

lich über Eck? In Bittstellerposition vor dem Schreibtisch oder partnerschaftlich am Besprechungstisch?

- Die Kleidung – durchsetzungsstark im dunklen Kostüm oder zugänglich im schmalen Twinset? Korrekt mit zugeknöpftem Jackett oder zwanglos in Hemdsärmeln?
- Der Grad der Vertrautheit – kurzes Nicken, distanzierter Händedruck, leichte Berührung am Oberarm oder herzliche Umarmung?
- Der Zeitfaktor – wer wartet auf wen? Wer gibt das Zeichen zum Aufbruch? Wer wird zwischendurch auf dem Handy angerufen? Alle? Nur die Topdogs? Oder niemand?
- Die Führungsrolle – wer steuert das Gespräch? Wer leitet vom Smalltalk zum Geschäftlichen über? Wer gibt die Themen vor? Immer nur einer? Oder abwechselnd mal der eine, mal der andere?

Ein stimmiges Bild ergeben solche Signale allerdings erst in der Kombination. Die Tatsache, dass ein Kollege Sie an Ihrem Schreibtisch aufsucht, kann für sich allein sowohl als Geste des Entgegenkommens als auch als Überraschungsangriff gedeutet werden – sofern der Besuch nicht ohnehin völlig spontan ist. Hat der Kollege vorher angerufen (»Passt es dir gegen drei? Ich würde gerne den Auftrag Meyerhöfer durchsprechen«), so sind die beiden Verhaltensweisen *zusammen* ein Hinweis darauf, dass er um eine partnerschaftliche Gesprächsatmosphäre bemüht ist. Kommt er dagegen unangemeldet bei Ihnen vorbei und wirft die Unterlagen mit lautem Knall auf Ihren Schreibtisch (»Was hast du dir bei diesen Zahlen bloß gedacht?«), hat sein Besuch eher den Charakter eines Überfalls.

Wehren Sie sich gegen Machtspiele

Lassen Sie nicht zu, dass die Eröffnungspartie ausschließlich von Ihrem Gesprächspartner bestimmt wird – auch dann nicht, wenn Sie ihn als dominant empfinden oder er in der Firmenhierarchie über Ihnen steht. Ehe Sie es sich versehen, kann es nämlich sonst passieren, dass der Mathelehrer Ihrer Tochter Ihnen einen Stuhl für Fünftklässler anbietet, der Chef sich gewohnheitsmäßig auf Ihrer Schreibtischkante niederlässt und Sie beim Essen mit Kollegen regelmäßig in der Laufzone des Personals sitzen. Ungleiche Konstellationen machen es schwierig, wenn nicht gar unmöglich, den eigenen Standpunkt selbstbewusst zu vertreten.

Wenn Ihnen solche Szenen bekannt vorkommen, sollten Sie stärker als bisher versuchen, unvorteilhafte Ausgangssituationen zu durchbrechen.

Sagen Sie, was Sie stört: Ignorieren Sie den Kinderstuhl, und setzen Sie sich kurzerhand auf eine Schulbank. Oder sagen Sie: »Ich fürchte, aus dem Alter bin ich heraus. Macht es Ihnen etwas aus, wenn wir das Gespräch im Stehen führen?« Und auch wenn Sie es aufgesetzt finden: Kommen Sie nicht in Freizeit- oder Sportkleidung zum Elternabend, sondern korrekt gekleidet in Anzug oder Kostüm. Auch das ist ein Mittel, sich schon beim Eintreten Respekt zu verschaffen.

Weigern Sie sich, das Spiel mitzuspielen: Stehen Sie auf, wenn Ihr Chef sich auf Ihren Schreibtisch setzt, und holen Sie ostentativ einen Stuhl aus der Besprechungsecke: »Bitte, nehmen Sie doch Platz.« Bleibt er trotzdem sitzen, führen Sie das Gespräch im Stehen weiter. Auf diese Weise verhandeln Sie auf gleicher Augenhöhe.

Ergreifen Sie die Initiative: Kann es sein, dass Sie immer als Letzte hereinhetzen und dann natürlich mit dem schlechtesten Platz vorlieb nehmen müssen? Wer sein Image wichtig nimmt, kommt um ein paar Vorüberlegungen nicht umhin. Niemand wird Ihnen die begehrten Plätze im Restaurant oder in der Konferenz freiwillig freihalten. Das müssen Sie schon selbst tun – vorsichtig und diplomatisch, ohne drängelig zu wirken, mit Gespür für die heimlichen Spielregeln.

Sondieren Sie das Feld

»Letzte Woche haben sich unsere neuen Nachbarn bei uns vorgestellt«, erzählt Alicia. »Wir hatten ihnen kaum ein Glas Wein angeboten, da wollten sie schon wissen, wie denn die Nachbarn hier so wären, sie hätten nämlich in ihrem alten Haus jedes Jahr ein großes Straßenfest für alle Nachbarn organisiert und wollten diese Tradition hier bei uns natürlich fortsetzen und uns jetzt schon dazu einladen. Ich sagte, hier in der Gegend gebe es nichts dergleichen, und Jan sagte, er schätze ganz besonders die Ruhe bei uns draußen. Danach waren sie einigermaßen pikiert und haben sich schnell verabschiedet. Seither grüßen wir uns zwar höflich, gehen uns aber möglichst aus dem Weg.«

Wer so mit der Tür ins Haus fällt, muss damit rechnen, dass er sich das Entree verpatzt. Schließlich geht es beim ersten Kennenlernen auch darum, Gebietsansprüche zu wahren und abzustecken. Newcomer tun deshalb gut daran, erst einmal vorsichtig anzuklopfen, unverbindlich Smalltalk zu betreiben und das Feld zu sondieren. Irgendwann im Laufe des Gesprächs hätte sich sicherlich die Gelegenheit ergeben, vorzufühlen: »In unserem früheren Wohnort waren alle Paare so etwa im gleichen Alter. Die Kinder sind zusammen aufgewachsen. Wir haben sogar jedes Jahr ein großes Straßenfest zusammen gefeiert.« Das hätte zwar das Interesse von Ian und Alicia an derartigen Aktivitäten vermutlich nicht erhöht. Aber sie hätten sich auch nicht bedrängt gefühlt und ihr Desinteresse unmissverständlich gezeigt. Stattdessen hätte sich das Gespräch einfach anderen Dingen zugewandt, ohne dass die neue Nachbarschaft wegen des unschönen Missklangs von Anfang an unter einem schlechten Stern gestanden hätte.

Die Mitspieler einschwören

Sie können noch so glaubwürdig, sympathisch oder professionell wirken – wenn Ihre Mitspieler Sie nicht unterstützen, bricht der gute Eindruck, den Sie aufgebaut haben, zusammen. Schon ein Stirnrunzeln oder ein abschätziges Lächeln eines Mitarbeiters während Ihrer Präsentation kann genügen, um bei einem aufmerksamen Beobachter Zweifel an Ihrer Performance oder Ihren Führungsqualitäten aufkommen zu lassen. Umgekehrt kann die Empfehlung eines zufriedenen Kunden Ihnen bei einem interessierten neuen Auftraggeber einen entscheidenden Wettbewerbsvorsprung verschaffen.

Besetzen Sie auch Nebenrollen mit Profis

Vor ein paar Tagen rief ich einen Einrichtungsberater an, um endlich eine längst geplante Erweiterung unserer Regalwand zu bestellen. »Würden Sie mich bitte mit Herrn Blankner verbinden?« bat ich die Dame am Telefon. »Einen Moment, bitte, ich lasse nachsehen, ob er gerade frei ist«, sagte sie. Danach vergaß sie offenbar, die Stummschalttaste ihres Telefons zu drücken. Ich hörte nämlich, wie sie, plötzlich in breitem Bayerisch, rief: »Margit, schrei amal dem Rudi.« Unversehens wurde ich von der topgestylten Vorderbühne des Einrichtungshauses auf die gar nicht mehr so feine Hinterbühne katapultiert: den Ort, der dem Publikum normalerweise verborgen bleibt und wo die Akteure sich unbeobachtet fühlen dürfen.

Das Versehen der Mitarbeiterin machte mich als Kundin um eine Illusion ärmer und als Autorin um eine Geschichte reicher. Den Inhabern und Verkaufsberatern des Einrichtungshauses wäre es allerdings nicht zu wünschen, dass sich solche Pannen häufen. Um ihre hochwertige Ware erfolgreich zu verkaufen, müssen sie den Kunden nämlich außer Sesseln, Tischen und Schränken auch Emotionen liefern: den Traum von Ambiente und Kultiviertheit, vom Schöner-Wohnen und Schöner-Leben. Das aber setzt voraus, dass alle Mitarbeiter oder – um in der Terminologie des Theaters zu bleiben – alle Ensemblemitglieder sich in ihrer Erscheinung und ihrem Verhalten stimmig in die größere Szenerie einfügen.[29]

Selbstdarstellung ist nur selten ein Ein-Personen-Stück. Ihre Kollegen, Ihre Mitarbeiter (allen voran Sekretärinnen und Rezeptionistinnen) und auch Ihre Familie tragen zu Ihrer Außenwirkung bei. Um ihren Part ausfüllen zu können, müssen sie über ihre Rolle und die gemeinsam zu erreichenden Ziele orientiert und Ihnen loyal verbunden sein.

Lassen Sie andere für sich werben

Mal ehrlich: Auch wenn sich der Spruch »Eigenlob stimmt« mittlerweile zum geflügelten Wort entwickelt hat – als irgendwie anrüchig empfinden wir die Reklame für die eigene Person trotz allem. Nach wie vor verspüren wir Hemmungen, unsere Vorzüge allzu offenkundig selbst ins Spiel zu bringen. Viel eleganter ist es, wenn andere sich für Sie ins Zeug legen: Auftraggeber, die mit Ihren Leistungen so zufrieden sind, dass sie Sie gerne weiterempfehlen. Eine im Smalltalk erfahrene Gastgeberin, die bei der Vorstellung einfließen lässt, dass Sie kürzlich als Kameraassistent an dem neuen Film mit Michelle Pfeiffer mitgearbeitet haben. Mitarbeiter, die für jedermann sichtbar für Sie durchs Feuer gehen. Eine Kollegin, die sich für Ihre Idee einsetzt: »Moritz hatte da gestern einen interessanten Vorschlag.«

Großzügig lobende Mitspieler sind ein Glücksfall und wollen herangezogen und gepflegt sein. Die Zauberworte dafür heißen Networking und Wechselseitigkeit. Networking, weil nur der, der viele Menschen kennt, auch geeignete Fürsprecher finden wird. Und Wechselseitigkeit, weil niemand so uneigennützig ist, Ihr Loblied zu singen, wenn er umgekehrt nicht mit Ihrer Unterstützung rechnen kann. Achten Sie also darauf, dass die Balance zwischen Geben und Nehmen stimmt.

Außerdem wichtig: Es müssen schon die richtigen Leute sein, die sich für Sie stark machen. Wenn die Lernschwester sämtlichen Mitarbeitern auf der Station die Kassette mit Ihrem Radiointerview über den neuen Kernspintomografen im städtischen

Krankenhaus vorspielt, dann ist das zwar gut gemeint, bringt für Ihr Image aber wenig. Setzt sich dagegen Ihr ehemaliger Doktorvater für Sie ein (»Sie war eine meiner besten Schülerinnen«), zählt die Anerkennung doppelt: Nach dem Assoziationsprinzip hebt die hohe Reputation Ihres Fürsprechers auch Ihr Ansehen.[30]

7 *Vernetzen Sie sich*

Häufig rief sie Journalisten an und bat sie um Informationen für ihre Nachrufe. Journalisten konnten sehr genau abschätzen, ob man ihnen in Zukunft von Nutzen sein könnte. Esther lernte, während der ersten Minute eines Gesprächs die Namen einiger Prominenter fallen zu lassen. Journalisten waren nicht leicht zu manipulieren, und sie wusste, dass ihr durch die Erwähnung dieser Namen ein Maximum von fünf Minuten Gesprächszeit zur Verfügung stand.

Lily Brett, *Einfach so*

Querverbindungen in- und außerhalb des Unternehmens sind heute wichtig wie nie. Wenn mehrere gleich qualifizierte Kandidaten vor der Tür stehen, kann die Tatsache, dass Sie im gleichen Volleyballverein trainieren wie die Personalchefin, der entscheidende Pluspunkt für Sie sein. Und in der heißen Endphase eines Projekts hat oft der die besten Karten, der Probleme mit einem Telefonat klären kann: der einen Ersatz für die plötzlich krank gewordene Dolmetscherin weiß; einen Studienfreund auftreibt, der bei einem Computervirus weiter hilft; die Sekretärin des Chefs becirct, damit eine Bedarfsmeldung noch heute unterschrieben wird; oder die Kantinenwirtin überredet, fünf Mittagessen für das Team zurückzuhalten.

Allerdings: Beziehungen, aus denen man in Krisensituationen schöpfen kann, entstehen nicht über Nacht. Nur wer laufend in sein Beziehungskonto einzahlt und andere in ihren Bemühungen großzügig unterstützt, weiß im Bedarfsfall, wo er Insiderinformationen, Kontaktadressen und konkrete Hilfe bekommen kann. Bauen Sie deshalb Ihr »Know-who« genauso selbstverständlich aus wie Ihr »Know-how«. Strategien dafür finden Sie in diesem Kapitel.

Übung macht den Meister

… und je früher Sie damit anfangen, desto besser. In englischen Privatschulen lernen schon Elfjährige in ihren Mitschülern die Menschen kennen, mit denen zusammen sie eines Tages die wirtschaftlichen und politischen Geschicke des Landes lenken werden. Im selben Schlafsaal vor Heimweh in die Kissen zu heulen, sich gemeinsam gegen piesackende Mitschüler zu behaupten und womöglich in alten Gemäuern im Winter vor Kälte zu schlottern – das verbindet und schweißt zusammen.

Ganz gleich, was man von der frühen Abhärtung der englischen Führungseliten halten mag, eines zeigt sie sehr deutlich: Je tiefer gemeinsame Erfahrungen wurzeln, desto tragfähiger sind sie auch. Deshalb ist es tatsächlich sinnvoll, beizeiten mit dem Aufbau eines weitgespannten Kontaktnetzes zu beginnen: während der Ausbildung, bei der Bundeswehr, im Studium, spätestens aber im ersten Job.

Die Warteschlange vor der Mensa, das Biwak beim Bund, der Orientierungslehrgang der Berufsberatung, der Romanisten-Stammtisch, die kammerrechtliche Fortbildung, das Repetitorium für Examenskandidaten, die Arbeitsgruppe für den Java-Kurs sind Kontaktbörsen, bei denen Sie Ihre künftigen Peers zwanglos und unverbindlich kennenlernen können. Dazu kommt: Praktika, Traineeprogramme und die erste Zeit im ersten Job sind Lebensphasen, in denen man noch in einem Boot sitzt. Man duzt sich, trifft sich zum Grillen am Baggersee und zum Abhängen in der Disco, lädt sich wechselseitig zur Hochzeit ein, absolviert gemeinsam die ersten Tagungen und ist sich abends beim Bier darüber einig, keinesfalls wie die abgeschlafften älteren Kollegen enden zu wollen. Eine kurze Übergangszeit lang sehen Newcomer im Job die gleichaltrigen Peers eher als Schicksalsgenossen denn als Konkurrenz.

Kontakte, die in dieser Zeit geknüpft wurden, halten etwas aus: Mein Mann hat nach seinem Studium in der Forschungsabteilung eines Computerherstellers gearbeitet, den es mittlerweile längst nicht mehr gibt. Die Kollegen von damals sind in alle Winde zerstreut. Trotzdem hat der Kontakt zu einigen von ihnen nicht nur Konkurrenzneid und fachliche Diskrepanzen, sondern auch Monate und manchmal sogar Jahre der Funkstille überdauert. Mal hat der eine eine Praktikumsstelle zu besetzen, mal sucht der andere nach einem Mitautor für ein Buchprojekt, wieder ein anderes Mal kann einer den Kontakt zu einem kompetenten Gutachter oder einem dringend benötigten Spezialisten vermitteln.

Networking als Lebensform

Die richtigen Leute zu kennen und zu den richtigen Events eingeladen zu werden, ist zweifellos image- und karrierefördernd. Immer mehr Menschen schließen sich deshalb beruflichen Netzwerken und Berufsverbänden an, um Kontakte zu knüpfen, Erfahrungen auszutauschen und sich Unterstützung und Förderung zu holen. Hochschulabsolventen bieten seit einiger Zeit Ehemaligen-Vereine – so genannte Alumniklubs – die Möglichkeit, ihrer Fachhochschule oder Universität verbunden zu bleiben. Zu den Angeboten solcher formeller Verbindungen gehören neben dem geselligen Beisammensein auch Workshops, Seminare und Kontaktbörsen.

Allerdings: Echtes Networking findet nicht nur im Zwei-Wochen-Rhythmus zu vorgegebenen Terminen statt, sondern Tag für Tag. Überall und bei jeder Gelegenheit: Im ICE-Abteil und im Golfklub, in der Teeküche und an der Hotelbar, beim Sektempfang und beim Faschingsfest. Noch wichtiger als Kontaktpflege in institutionalisierten Initiativen sind deshalb Offenheit und Gesprächsbereitschaft. Auch nach Feierabend und im Privatleben. Denn: Wenn Sie beim Schulfest schnurstracks auf die bekannten Gesichter in der Menge zusteuern – wie wollen Sie dann je erfahren, dass der grillende Vater als Wirtschaftsjournalist bei dem Magazin arbeitet, für das Sie schon seit langem einen Artikel schreiben wollen? Und wenn Sie sich auf dem Flug nach Mailand ostentativ hinter dem *Handelsblatt* vergraben – woher sollen Sie dann wissen, dass Ihre Sitznachbarin die Referentin des Seminars über internationales Marketing ist, zu dem Sie gerade unterwegs sind?

Ins Gespräch kommen

Wenn wir es versäumen, neue Menschen kennen zu lernen, dann scheitert das meistens daran, dass wir nicht den richtigen Anfang finden. Dabei sind die Regeln dafür ganz einfach:

- Nehmen Sie Augenkontakt auf.

- Wenn Ihr Gegenüber zurücklächelt, ist das das Zeichen anzudocken: »Die Würstchen schmecken besonders gut. Wissen Sie, welcher Metzger die geliefert hat?« Oder: »Haben Sie auch geschäftlich in Mailand zu tun?« Ganz wichtig dabei: Andocksätze sollen lediglich freundliche Gesprächsbereitschaft signalisieren und brauchen weder tief schürfend noch ausgefallen zu sein. Im Gegenteil: Wer sich gleich im ersten Satz als genussfeindlicher Gesundheitsapostel zu erkennen gibt (»Normalerweise verzichte ich auf Gegrilltes«) oder als feinsinniger Kunstsachverständiger präsentiert (»Ich kann es kaum erwarten, endlich Leonardos *Abendmahl* ohne Gerüst zu sehen«), hat den Sinn des Smalltalks nicht verstanden. Der besteht nämlich darin, Brücken zu bauen und nicht Gräben aufzureißen. Leicht zu sein und bei Bedarf auch mal seicht. Wer Menschen gewinnen, nicht aber verprellen will, darf sie nicht mit den eigenen Lieblingsthemen und -thesen überfallen. Stattdessen gilt es, einander erst einmal zu umkreisen und behutsam nach Gemeinsamkeiten zu forschen. Kommt *dann* das Gespräch auf die italienische Renaissance, steht einer angeregten Fachsimpelei nichts mehr im Weg.

- Wenn Sie merken, dass sich ein längeres Gespräch zu entwickeln beginnt, stellen Sie sich vor: »Übrigens, ich bin Elke Auberg. Meine Söhne gehen in die 7. und 9. Klasse.« Oder: »Wir haben uns noch gar nicht miteinander bekannt gemacht – ich bin Andreas Paulin.« Alles Weitere ergibt sich dann meist von selbst.

Bei formellen Gelegenheiten wie Empfängen oder Tagungen ist die Selbstvorstellung meistens auch der Gesprächseinstieg: Gruß und Name allein sind deshalb fast immer zu wenig. Damit der Übergang ins Freie des Gesprächs klappt, sollten Sie Ihrem Gesprächspartner zusätzlich einen Ball zuspielen, den er auffangen und zurückwerfen kann. »Guten Tag. Ich bin Andreas Paulin von der Firma Infotec. Ich fand Ihren Vortrag sehr aufschlussreich. Was mich interessieren würde ...?« Oder: »Ich habe Ihren Artikel über ... gelesen und freue mich, Sie persönlich kennenzulernen.« Oder: »Ich soll Ihnen herzliche Grüße von meinem Chef, Herrn Eisenhardt, überbringen. Wie es scheint, haben Sie zusammen in Lübeck bei Prof. Zellner studiert.«

Kontakte suchen und pflegen

Sie können sich beim Smalltalk im Lift, bei der Leipziger Buchmesse und bei der Jobbörse noch so nett unterhalten haben – um Allianzen aufzubauen und Netzwerke zu knüpfen, braucht es mehr: Zeit, Energie, Aufmerksamkeit – und einen langen Atem.

Halten Sie Versprechen ein. Ganz gleich, was Sie einem Gesprächspartner versprochen haben – die Adresse des gefragten Persönlichkeitstrainers, die Infobroschüre über das internationale Austauschprogramm oder das Exemplar eines vergriffenen Buches –, schicken Sie es ihm noch am gleichen oder spätestens am nächsten Tag mit einer kurzen Notiz zu. Das klingt banal – und ist doch mehr, als viele Menschen zu leisten bereit sind.

Ich habe jedenfalls die Erfahrung gemacht, dass beim Smalltalk gerne spontane Versprechen abgegeben werden: »Kennen Sie das Programm MindManager? Nicht? Das sollten Sie unbedingt mal testen. Ich glaube, bei mir liegt irgendwo noch eine Demoversion. Die stecke ich gleich morgen in einen Umschlag.« Hinterher erweist sich die Einhaltung solcher Ankündigungen dann oft als zu lästig.

Pflegen Sie Verbindungen regelmäßig – auch solche aus Ihren »früheren Leben«: die Kollegin aus der alten Firma, mit der man einmal im Jahr Kaffee trinkt; der Geschäftspartner, mit dem man sich alle paar Monate zum Squash trifft; der Ausbilder, der so große Stücke auf einen gehalten hat; der Onkel der Schwägerin, mit dem man bei Hochzeiten und Taufen stundenlang über Altertumsforschung diskutiert – sie alle haben Möglichkeiten, Verbindungen oder Informationen, die irgendwann einmal auch der oder die Tüchtigste gut gebrauchen kann.

Allerdings: Lose Kontakte dieser Art verlaufen leicht im Sande. Versäumen Sie es deshalb nicht, sich von Zeit zu Zeit zu melden: Schicken Sie eine Einladung zu dem Diskussionsforum, das Sie gerade organisieren, oder eine Kopie des Artikels über die Maya (ganz formlos, ein Post-it mit einer kurzen Notiz darauf genügt); gratulieren Sie zur Geburt der Enkeltochter; rufen Sie ab und zu an, einfach um hallo zu sagen. Solche kleinen Gesten zeitigen eine erstaunliche Wirkung. Wissenschaftler der amerikanischen Pennsylvania State University haben herausgefunden, dass Weihnachts- und Urlaubskarten bei den befragten Personen zwischen 24 und 87 Jahren wahre Glücksgefühle auslösen. Der Grund: Wer viele Kartengrüße erhält, fühlt sich in seinem Leben sozial verankert.[31]

Erinnern Sie sich an Details. Selbst wenn ein Gespräch besonders interessant war – die meisten von uns werden so von Informationen überrollt, dass sie sich ein paar Tage oder Wochen später nur noch dunkel an die Eigenheiten und Vorlieben eines

Gesprächspartners erinnern können. Helfen Sie deshalb Ihrem Gedächtnis nach, und schreiben Sie eine Erinnerungshilfe auf die Visitenkarte Ihres Gesprächspartners.

Man trifft sich im Leben oft zweimal. Wer aus Nachlässigkeit oder Bequemlichkeit den Kontakt zu der Firma aufgibt, bei der er sein Praktikum absolviert hat, arbeitet ohne Netz und doppelten Boden. Wer nach der Kündigung nur noch Dienst nach Vorschrift macht und seine Kräfte für den nächsten, aufregenderen Job aufspart, verhält sich nicht nur unprofessionell, sondern auch wenig weit blickend. Und wer nach dem Wechsel seine Genervtheit über den alten Chef und dessen Führungsstil herausposaunt, macht sich schnell Feinde. Übrigens nicht nur im alten Unternehmen: Offen zur Schau gestellte Illoyalität macht auch in der neuen Firma keinen guten Eindruck.

Das Gleichgewicht von Geben und Nehmen

Es gibt Allianzen, in denen der Vorteil des Zusammenhalts größer ist als die gegenseitige Sympathie. Und die meisten beruflichen Kontakte pflegen wir vor allem nach dem Kosten-Nutzen-Prinzip – das eigene Fortkommen fest im Blick. Solche Zweckgemeinschaften sind zwar legitim, funktionieren auf Dauer aber nur, wenn für alle Beteiligten die Balance zwischen Geben und Nehmen stimmt. Dabei ist eine Absahnermentalität genauso wenig gefragt wie eine Aufopferungshaltung:

Wer immer nur nimmt, wird schnell als rücksichtsloser Egoist erkannt und stößt auf Granit. Versäumen Sie es deshalb nie, Dankesschulden zu begleichen: Die Praktikantin, die vor Ihrem großen Auftritt bei der Jahrestagung des Außendienstes Ihre Excel-Tabellen und Grafiken klaglos immer wieder neu aktualisiert hat, verdient mehr als ein Dankeschön. Revanchieren Sie sich lieber, indem Sie sie mit zwei, drei Leuten in Kontakt bringen, die ihr für ihr Fortkommen nützlich sein könnten: »Ich möchte Sie gern mit

Imke Kuchenmüller bekannt machen. Sie studiert BWL, macht gerade ihr Praktikum bei uns und hat mich in den letzten Tagen hervorragend unterstützt.«

Übrigens: Wenn Ihnen jemand mit einem guten Tipp oder einer Empfehlung weitergeholfen hat, lassen Sie ihn unbedingt wissen, was aus der Sache geworden ist. Der »Helfer« freut sich über Ihren Erfolg, fühlt sich als »Förderer« und wird weiter für Sie die Augen offen halten.

Wer immer nur gibt, wird irgendwann bitter. Gleichzeitig vermittelt er den anderen leicht das Gefühl, sie sich verpflichten zu wollen. Lernen Sie deshalb, sich auch mal helfen, einladen oder loben zu lassen. Und genieren Sie sich nicht, die Begleichung offener Rechnungen einzufordern. Angenommen, Sie haben im letzten Winter auf das Snowboarden in St. Anton verzichtet, um Ihrem Kollegen den Traum von der Australienreise zu ermöglichen. Dann dürfen Sie beim nächsten Interessenkonflikt mit Fug und Recht erwarten, dass jetzt auch einmal Ihre Wünsche Vorrang haben – und sich bei der Verteilung der neuen Büros mit gutem Gewissen den Raum mit der besten Aussicht sichern.

Cliquen-Wirtschaft – besser als ihr Ruf

Während in den angelsächsischen Ländern die »Old-Boys«-Netze von jeher ein selbstverständliches, akzeptiertes Mittel gegenseitiger Unterstützung waren, hält unsere Sprache vorwiegend negativ besetzte Begriffe für gute Beziehungen bereit: Vitamin B und Klüngelei, Vetternwirtschaft und Amigosystem, Seilschaft und Flaschenzug. Schade eigentlich – denn so fragwürdig ich die Auswüchse der Begünstigungen in Politik und Wirtschaft finde, so sehr verstellen sie uns oft den Blick dafür, dass Interessengemeinschaften, die ihre Stärken bündeln, mehr voranbringen können als Einzelkämpfer, die es alleine schaffen wollen.

Gemeinsamkeit macht stark

Beispiele für sachdienliche Allianzen sind so unterschiedliche Bündnisse wie die von Microsoft-Gründer Bill Gates und seinem zweiten Mann und Nachfolger Steve Ballmer, das Werbeduo Holger Jung und Jean-Remy von Matt oder das vor der Bundestagswahl 1998 virtuos kooperierende Trio Gerhard Schröder, Oskar Lafontaine und Franz Müntefering. Erfolgsteams dieser Art entstehen selten über Nacht und halten oft auch nicht ein Leben lang. Solange ihre Mitglieder jedoch füreinander eintreten, sind sie alle zusammen stärker als einer für sich allein. Was nicht ausschließt, dass sich irgendwann einer aus dem Feld löst und an die Spitze setzt. Die folgenden Regeln helfen Ihnen, Beziehungen zu nutzen und trotzdem integer zu bleiben.

Lassen Sie sich nichts schenken

Sie erinnern sich: Networking ist ein Handel auf gleicher Ebene. Wir bringen uns ein, zum Beispiel, indem wir jemandem einen Kontakt oder Auftrag vermitteln, und hoffen, dass sich unsere Mühe irgendwann auszahlt. Geht diese Rechnung einmal nicht auf, ist in der Regel nicht viel verloren, und wir können uns immer noch mit der Kalenderweisheit trösten: Geben ist seliger als nehmen. Der umgekehrte Fall ist problematischer: Wir nehmen einen Gefallen an, lassen ihn uns womöglich sogar aufdrängen – und geraten damit in Zugzwang. Wir haben eine Rechnung offen und sind *verpflichtet*, uns in absehbarer Zeit zu revanchieren, wenn wir dem anderen nichts schuldig sein wollen.

Robert B. Cialdini, einer der führenden amerikanischen Sozialpsychologen, hat sich ausführlich mit dem Thema Dankesschuld und Vergeltungsregeln beschäftigt. Sein Resümee: »Eine erste kleine Gefälligkeit kann ein Gefühl hervorrufen, zu einer deutlich aufwändigeren Erwiderung verpflichtet zu sein.«[32] Geschenke und Gefälligkeiten sind deshalb ein mächtiges Mittel der Beeinflussung. Das zeigt sich schon an Kleinigkeiten: Viele Bekleidungsgeschäfte bieten während der Anproben einen

Espresso oder Prosecco an. Eine schöne Geste, finde ich, die ich nicht missen möchte. Trotzdem merke ich: Habe ich erst einmal einen Kaffee akzeptiert, fällt es mir schwer, den Laden zu verlassen, ohne wenigstens ein T-Shirt gekauft zu haben. Mit einem Einsatz von einer Mark lassen sich auf diese Weise leicht zwei- oder sogar dreistellige Renditen erzielen.

Bewahren Sie Ihre Unabhängigkeit

Geschenke erhalten nicht nur die Freundschaft. Sie begründen auch Abhängigkeiten. Ein Beispiel: Johannes, Redakteur eines hessischen Regionalblatts, kennt Victor, einen ambitionierten, aufstrebenden Lokalpolitiker, noch aus der Schulzeit. Die beiden begegnen sich bei den verschiedensten gesellschaftlichen Anlässen und spielen, wenn es sich ergibt, auch mal zusammen Tennis. Bei einer dieser Gelegenheiten bietet Victor Johannes an, ihn in seinem elitären Tennisklub unterzubringen, bei dem offiziell Aufnahmestopp herrscht: »Wir brauchen dringend Verstärkung für unsere Mannschaft.«

Ein verlockendes Angebot – das sich Johannes gerade deshalb zweimal überlegen sollte. Es spielt nämlich kaum eine Rolle, ob Großherzigkeit, Kalkül oder eine Mischung aus beidem hinter der Offerte steckt. Wenn Johannes sich in den Klub einführen lässt, wird er sich Victor verpflichtet fühlen – und zwar dauerhaft. Solange er die Vorzüge des Klubs genießt, wird er nicht umhin können, Victor eine gute Presse zu verschaffen.

Johannes hat in dieser Situation zwei Möglichkeiten: Entweder er lehnt das Angebot höflich-entschieden ab. Damit bringt er allerdings nicht nur sich um einen Freizeitgenuss, sondern unterstellt Victor womöglich zu Unrecht unlautere Absichten. Oder er tritt die Flucht nach vorne an und thematisiert die Konsequenz: »Das wäre natürlich eine tolle Sache. Allerdings könnte ich dann nicht mehr über dich schreiben, das verstieße gegen mein Berufsethos.«

Bleiben Sie professionell

Ganz gleich, ob Sie sich von einem Mentor in Ihrer Firma unterstützen lassen, die Kontakte zu den Wirtschaftsjunioren beim Rafting in Tirol pflegen oder sich regelmäßig mit einem Kollegen aus Ihrer alten Abteilung austauschen, obwohl Sie schon längst im Führungsteam sitzen – spielen Sie von Anfang an mit offenen Karten: Lassen Sie Ihr Gegenüber nicht darüber im Ungewissen, dass für Sie ungeachtet aller privaten Sympathie die berufliche Entwicklung an oberster Stelle steht. Dann wissen alle Beteiligten, was Sache ist: Der Mentor wird sich nicht in der Illusion wiegen, Sie könnten eines Tages in seine Fußstapfen treten, wenn Sie eine andere Firma mit einer anspruchsvolleren Aufgabe lockt. Dem Bekannten aus dem Wirtschaftsklub ist völlig klar, dass er Ihren Druckauftrag nur bekommen wird, wenn er Ihnen ein mindestens ebenso preisgünstiges Angebot vorlegen kann wie die Konkurrenz. Und der frühere Kollege weiß, dass Ihre private Freundschaft für ihn weder bequeme Hängematte noch Freikarte für den Aufstieg ist.

Meiden Sie Ja-Sager

Natürlich sind Menschen, die uns rückhaltlos bewundern, Perwoll für unser Selbstbewusstsein. Voran bringt uns ihr kritikloser Schmusekurs allerdings nicht. Erstens sind schmeichlerische Menschen in der Regel keine starken Persönlichkeiten. Mit ihnen assoziiert zu werden ist daher wenig imagefördlich. Zweitens – und das ist der entscheidende Punkt – brauchen wir, um voranzukommen, starke Berater: Solche, die selbstbewusst genug sind, Kritik zu üben, wenn etwas aus dem Ruder läuft. Die uns inspirieren, uns weiterzuentwickeln. Uns zu Höchstleistungen anspornen – eben weil sie nicht schon den ersten Entwurf genial finden. Und genügend Distanz zu uns haben, um uns unbequeme Fragen zu stellen und vor Größenwahn und Geltungsdrang zu bewahren.

Allianzen, in denen gegenseitige Kurskorrekturen zulässig

und erwünscht sind, haben eine gute Chance, das richtige Maß zu finden zwischen gegenseitiger Unterstützung und innerer Unabhängigkeit. Wer sich dagegen mit übertrieben loyalen Anhängern umgibt, begibt sich in Gefahr, den Blick für Meinungen von außen zu verlieren und sich in Beziehungsgeflechten zu verstricken, die sich irgendwann als Fußangel erweisen könnten. Ideal sind Bündnisse, in denen alle gleich stark sind, aber unterschiedliche Stärken einbringen.

8 Kommunizieren Sie effektiv

Wäre erst dieser Tag vorüber! Würde er einen Augenblick allein sein, einen Augenblick seine Gesichtsmuskeln abspannen können? Empfänge während des ganzen Tages, bei denen es galt, der Gratulation von hundert Menschen mit Takt und Würde zu begegnen, nach allen Seiten mit Umsicht und sicherer Nuancierung passende Worte zu finden, ehrerbietige, ernste, freundliche, ironische, scherzhafte, nachsichtige, herzliche ... und vom Nachmittag bis in die Nacht hinein ein Herrendiner im Ratsweinkeller ...

Thomas Mann, BUDDENBROOKS

Besprechung am runden Tisch. Das Team diskutiert die Anschaffung neuer Hard- und Software für das kommende Jahr. Als sich abzuzeichnen beginnt, dass die alten Hasen der Gruppe weiterhin das Betriebssystem Windows NT favorisieren, fährt Robert dazwischen: »Was wollt ihr denn noch mit diesem Mammut-System? Das ist doch Steinzeit. An der Uni arbeitet jeder mit Linux, jedenfalls jeder, der Ahnung von Computern hat.« Unterstützung heischend schaut er die beiden Kollegen an, von denen er aus zahllosen Kantinengesprächen weiß, dass sie lieber heute als morgen auf das neue Betriebssystem umsteigen würden. Aber die weichen seinem Blick aus und halten sich bedeckt. Denn auch wenn sie in der Sache Roberts Meinung teilen: Mit seinem unsensiblen Vorpreschen möchten sie nicht assoziiert werden.

Es passiert uns immer wieder: Statt uns Gehör zu verschaffen, reden wir uns um Kopf und Kragen. Weil wir nicht den richtigen Ton finden. Weil wir uns durch das schweigende Abwarten der Gegenseite dazu verleiten lassen, mehr preiszugeben, als wir

eigentlich wollten. Weil wir innere Widerstände des Gesprächspartners nicht erspüren. Oder weil uns unser emotionales Engagement für ein Thema den Blick für den Standpunkt der anderen
verstellt. Aber auch das Gegenteil kommt vor: Statt den anderen
Paroli zu bieten, beißen wir uns auf die Lippen und schweigen
uns aus. Weil uns die Unverfrorenheit eines Gesprächspartners
die Sprache verschlägt. Weil uns seine Fragen in die Enge trei-
ben. Weil wir nicht gern im Mittelpunkt stehen. Weil wir andere
nicht verletzen wollen. Oder weil wir Angst vor einer offenen
Konfrontation haben.

Hinterher stellen wir dann fest, dass wir nicht angemessen
reagiert haben. Dabei kennt die Psychologie eine Fülle wirkungsvoller und einfach zu erlernender Kommunikationstechniken, die wir nur ausprobieren, in unser rhetorisches Repertoire
aufnehmen und uns regelmäßig in Erinnerung rufen müssten.
Eine Auswahl davon finden Sie in diesem Kapitel.

Der Beziehungsfaktor

Man kann es sich nicht oft genug klar machen: Gesprächs- und
Verhandlungspartner sind immer und zuallererst Menschen.
Ganz gleich, wie weit sich ihre Interessen, Ansichten und sachlichen Positionen von den unseren unterscheiden: Genau wie wir
möchten sie ernst genommen und wertgeschätzt werden, mit
einem gutem Ergebnis aus dem Gespräch herausgehen und keinesfalls das Gesicht verlieren. Und genau wie wir reagieren sie
frustriert und aggressiv, wenn diese menschlichen Grundbedürf-
nisse nicht erfüllt werden. Es lohnt sich daher, die Beziehungs-
ebene bewusst zu pflegen und dem anderen zu vermitteln, dass
wir ihm bei allen inhaltlichen Gegensätzen wohlgesonnen sind.

Seien Sie offen und freundlich

Egal, ob am Telefon, in der Konferenz oder zu Hause am Abend-
brottisch: Geizen Sie nicht mit *Strokes* – ernstgemeinten Auf-
merksamkeiten und ehrlicher Anerkennung. Das klingt selbstver-

ständlich und einfach. Aber in der Hektik des Alltags und der Konzentration auf die Sache vergessen wir leicht, den Gesprächspartner mit Namen zu begrüßen, uns für seinen raschen Rückruf, das konstruktive Gespräch oder den guten Tipp zu bedanken. Image-Designer nehmen Zuwendung nicht als selbstverständlich hin – auch dann nicht, wenn es sich dabei um eine bezahlte Dienstleistung handelt. Natürlich ist es der Job der Kinderärztin, Ihr fieberkrankes Kind so gut wie möglich zu versorgen. Nur: Wenn sie Ihnen ihre private Telefonnummer gibt und Sie bei Komplikationen sogar spät abends noch berät und beruhigt, dann sollten Sie Ihre Wertschätzung nicht nur durch das pünktliche Überweisen der Rechnung ausdrücken. Sondern auch in Worten: »Es ist eine große Beruhigung für uns, dass Sie ständig für uns erreichbar sind. Danke, dass wir Sie noch einmal stören durften.«

Weitere Strokes können sein: sich positiv über das Unternehmen zu äußern, bei dem die Gesprächspartnerin arbeitet. Auf Blickkontakt zu allen Gesprächsteilnehmern zu achten. Formulierungen des anderen aufzugreifen. Die Arbeit anzuerkennen, die in einem Konzept steckt – auch wenn wir inhaltlich anderer Meinung sind.

Spielen Sie die anderen nicht an die Wand

Bei den meisten Gesprächen geht es neben den Sachfragen unterschwellig auch um Rivalität, Anerkennung und informelle Führung in der Gruppe. Häufig zeigt sich der Dominanzanspruch darin, wie viel Raum jemand für sich beansprucht: Wer sich einen gut sichtbaren Platz sucht, mit seinen Unterlagen ausbreitet, frühzeitig und selbstgewiss seine Sicht der Dinge ins Spiel bringt, andere häufig unterbricht oder lang und laut redet, meldet mit seinem Verhalten unausgesprochen einen Führungsanspruch an. Ob er damit durchkommt, ist allerdings fraglich. Die anderen Gesprächsteilnehmer haben ja ein ebenso berechtigtes Interesse daran, sich zu profilieren. Fühlen sie sich an die

115

Wand gedrückt, ist die Gefahr groß, dass sie mit aggressiven Gegenreaktionen oder Verzögerungstaktiken kontern – und sei es nur, um dem selbst ernannten Platzhirsch eins auszuwischen. Das geht auf Kosten der sachlichen Interessen beider Seiten – und der Beziehung sowieso.

Signalisieren Sie Ihre Wertschätzung

Viel besser ist es, Gespräche so zu führen, dass die künftige Beziehung mit dem Gesprächspartner gefördert wird und ein für alle Seiten befriedigendes Ergebnis zu Stande kommt. Dazu gehört es:

- Aufgaben als gemeinsames Problem zu betrachten,
- Person und Problem zu trennen,
- die Meinung des Gegenübers einzuholen,
- seine Interessen zu erkunden,
- ihn an der Entscheidung zu beteiligen,
- seine Ideen, wo immer möglich, großzügig einzubinden.[33]

Keine Angst: Ihr Image wird darunter nicht leiden. Im Gegenteil: Schließlich ist das Werben um Sympathie ebenso eine Form der Selbstdarstellung wie Selbst-PR oder das Ausüben von Druck. Mit einem Unterschied: Die meisten Gesprächspartner ziehen selbst die Pose der Kooperationsbereitschaft dem aggressiven Ego-Marketing vor. Vielleicht hilft Ihnen das folgende Bild weiter, künftig mehr auf Partnerschaft als auf Macht und Konkurrenzgebaren zu setzen: Sehen Sie die Arbeitsbesprechung, das gemeinsame Mittagessen in der Kantine oder die Vereinssitzung als *Forum* der Selbstdarstellung, aber nicht als Arena, in der es nur Sie als Sieger geben darf.

Ein Machtwort sprechen

Eine machtvolle Sprache hat heute nichts mehr mit Kasernenhofton, autoritärem Gebaren und einer kernigen Ausdrucksweise zu tun. Allenfalls Politiker und Manager fortgeschrittenen Alters können sich solche Formen der Kommunikationsunkultur noch leisten. Ansonsten ist in unserer Dienstleistungs- und Selbstverwirklichungsgesellschaft eine offene, partnerschaftliche Kommunikation zu einem mächtigen Instrument der Kunden- und Mitarbeiterbindung geworden. Gefragt ist eine Sprache, die dazu geeignet ist, die eigene Position zu wahren und zugleich die Position der Gesprächspartner zu würdigen.[34]

Sprechen Sie für sich

Unsere Art, die Welt zu sehen, ist eine subjektive Wahrheit, keine objektive, allgemein gültige. Es kann gut sein, dass unser Gegenüber die Welt mit völlig anderen Augen wahrnimmt als wir. Dem sollten wir bei unserer Kommunikation mit anderen Rechnung tragen. Indem wir es auf *unsere* Kappe nehmen, wenn *uns* etwas nicht passt, auf der Seele brennt, ärgert oder verunsichert. Dazu müssen wir lernen, öfter »ich« und seltener »du«, »Sie« oder »man« zu sagen oder uns auf Dritte oder Allgemeinplätze zu berufen.

Sprechen Sie für sich: »Ich habe an der Uni Linux als sehr flexibles Betriebssystem kennen gelernt und finde, dass wir es hier in der Firma zumindest einmal versuchsweise einsetzen sollten. Dafür spricht ...«, statt sich auf Dritte zu berufen: »An der Uni arbeitet kein Mensch mehr mit Windows, jedenfalls keiner, der Ahnung von Computern hat.«

Stehen Sie zu Ihrer Überzeugung: »Ich bin der Meinung, dass wir darüber nachdenken sollten, ob ...«, statt unverbindlich einzuwerfen: »Man müsste mal darüber nachdenken ...«

Beschreiben Sie Ihre Eindrücke: »Ich bin seit Anfang des Jahres mit Ihren Leistungen nicht mehr so zufrieden wie früher«, statt zu pauschalieren: »Ihre Leistungen lassen in letzter Zeit zu wünschen übrig.«

117

Drücken Sie Ihre Befürchtungen aus: »Ich mache mir Sorgen um deine Gesundheit. Ich habe den Eindruck, du arbeitest mehr, als dir gut tut«, statt den anderen das Fürchten zu lehren: »Wenn du so weitermachst, bekommst du spätestens mit vierzig den ersten Herzinfarkt.«

Stehen Sie zu Ihren Leistungen

Ich-Botschaften lassen Kritik weniger pauschal, Vorwürfe weniger verletzend und Vorschläge weniger vage klingen. Darüber hinaus sorgen sie dafür, dass unsere Leistungen in erster Linie als Ergebnis unserer Anstrengungen wahrgenommen werden. »Es war gut, dass ich mich entschlossen habe, die Meisterprüfung zu machen. Danke, dass du mich damals so bestärkt hast.« Und nicht als unverdientes Glück oder als das Verdienst von Teammitgliedern, Beratern oder Helfern: »Ohne dich hätte ich mich nie dazu durchgerungen, die Meisterprüfung zu machen.«

Vor allem Frauen neigen dazu, gute Ergebnisse als Teamleistung zu verkaufen. Das fördert zwar die Harmonie, schadet aber dem Image. Zögern Sie deshalb nicht, das, was Sie geleistet, gelernt oder erlebt haben, ohne falsche Bescheidenheit auf Ihre Fahne zu schreiben. Um keine Missverständnisse aufkommen zu lassen: Natürlich würdigen Sie die Mithilfe und Unterstützung, die Sie von außen bekommen haben. Das ist nicht nur fair, sondern kommt auch gut an. Aber ganz gleich, wie sehr Ihre Kollegin Ihnen zugeraten haben mag, die Meisterprüfung zu machen – das dafür erforderliche Durchhaltevermögen haben Sie ganz alleine aufgebracht. Und das dürfen Sie auch stolz und souverän für sich in Anspruch nehmen.

Sagen Sie, was Sie wollen – klar und diplomatisch

»Das Konzept der Deutschen Bank ist eigentlich ein gutes Konzept«, kommentierte ein Analyst in einem Fernsehinterview die Allianz der Deutschen Bank mit Partnern wie Yahoo, AOL und

Nokia im Februar 2000 – und stellte mit dem versehentlich herausgerutschten »eigentlich« seine nachfolgende positive Bewertung des Zusammenschlusses selbst in Frage. »Eigentlich wäre es mir am liebsten, wenn ich das Manuskript erst in der ersten Märzwoche abliefern müsste« – so versuchte ich, meiner Verlagslektorin vorsichtig beizubringen, dass dieses Buch erst ein paar Tage später als geplant fertig werden würde – und bekam den Aufschub ohne weitere Diskussion zugestanden.

Stark wie Goliath. Die meisten Kommunikationsexperten sind sich einig darüber: Wer häufig Möglichkeitsformen wie »müsste« oder »könnte« und abschwächende Formulierungen wie »also«, »vielleicht« oder »irgendwie« verwendet, schadet seiner Sache und seinem Image dazu. Wenn es uns darauf ankommt, überzeugend, autoritär und unangreifbar zu wirken, müssen wir uns einer eindeutigen, entschiedenen Sprache bedienen: »Das Konzept der Deutschen Bank ist ein gutes Konzept.« Punkt. Einspruch unerwünscht.

Klug wie David. In Gesprächssituationen, in denen wir Diskussions- und Kompromissbereitschaft und vielleicht sogar ein schlechtes Gewissen signalisieren möchten, gelten andere Regeln. Wo es darauf ankommt, das Verständnis oder Einverständnis der anderen zu gewinnen, wäre es unklug, auf die besänftigende Wirkung abschwächender Formulierungen zu verzichten. Niemand lässt sich gern sein Mitspracherecht einfach so nehmen: »Ich liefere das Manuskript in der ersten Märzwoche« – das fordert zum Widerspruch heraus, wenn ursprünglich Ende Februar als Abgabetermin vereinbart war.

Frauen haben die diplomatischen Kommunikationsmuster ohnehin im Repertoire. Und vielen Managementbüchern zum Trotz bin ich der Meinung, dass wir die Möglichkeiten, die sie bieten, auch nutzen sollten. Ich jedenfalls mache die Erfahrung, dass mich die gescholtene weibliche Beziehungssprache ohne großes Getöse oft weiter bringt als die viel gepriesene männliche Statussprache. Nicht nur, weil Frauen mit einem ausschließlich männlichen Kommunikationsstil von ihrer Umgebung schnell als unweiblich und aggressiv empfunden werden. Sondern auch, weil ich mir darüber im Klaren bin, dass Lösungen meistens nur möglich sind, wenn beide Seiten ein paar Federn lassen. Oft lohnt es deshalb gar nicht, sich sprachlich aufzuplustern.

Fassen Sie sich kurz

Wer zu viele Einzelheiten liefert, bietet mehr Angriffsflächen und verstrickt sich leichter in Widersprüche. Das kann schnell ins Auge gehen: Manchmal reicht nämlich eine einzige negative Information, um einen aufgebauten positiven Eindruck zunichte zu machen. Je knapper und pointierter Sie deshalb einen Redebeitrag formulieren, desto mehr Kraft strahlt er aus. Das gilt besonders bei kontroversen Diskussionen und Statements vor dem Mikrophon: Wenn die Meinungen auseinander driften und die Wogen der Erregung hoch schlagen, sollte ein Redebeitrag nicht länger als eine halbe Minute dauern. Der Grund: Bei emotionalen Spannungen sind die Zuhörer überfordert, schalten ab und formulieren innerlich bereits ihre Gegenargumente. Je kürzer Sie sich fassen, desto weniger Zeit bleibt ihnen dafür.

Powertalking

Gleiche Situationen, unterschiedlich beschrieben, schaffen eine andere Art von Wirklichkeit – für Sprecher und Zuhörer. Auf dieser Erkenntnis fußt das von George Walther erfundene Prinzip des Powertalking – einer Sprache des Erfolgs, die uns nicht nur zu größerer beruflicher Anerkennung, sondern auch zu geglückteren privaten Beziehungen und mehr Lebensqualität verhilft.[35] Das Prinzip des Powertalking ist einfach, aber wirksam: Ersetzen Sie kraftlose Redewendungen, die sich desinteressiert, machtlos oder hilflos anhören, durch Ausdrücke mit Power, die Sie engagiert, belastbar und dezidiert erscheinen und werden lassen. Im Folgenden finden Sie eine kleine Auswahl der Möglichkeiten des Powertalking.

Powertalker denken und sprechen positiv. Ein Kollege ruft Sie an und möchte wissen, ob Sie zufällig noch die Aprilausgabe des *Manager magazins* besitzen – er erinnere sich an einen Artikel, den er darin gesehen habe und dringend für seinen Marketingbericht brauche. Was antworten Sie? »Das kann ich auf Anhieb nicht sagen. Da muss ich erst mal nachschauen.« Oder: »Ich schaue gerne mal meine alten Exemplare durch und melde mich dann bei Ihnen.«

Inhaltlich sagen beide Antworten das Gleiche aus. Der Unterschied liegt in der Stimmung, die sie übermitteln. »Ich muss mal nachschauen« – da klingt durch, dass der andere Ihnen eine Zusatzarbeit auflädt. »Ich schaue gerne mal nach«, vermittelt dem anderen dagegen das Gefühl, dass Sie für sein Anliegen Verständnis und ein offenes Ohr haben. Gleichzeitig empfehlen Sie sich als angenehmer und umgänglicher Zeitgenosse.

Powertalker erkennen eigene und fremde Leistungen an. Dazu gehört zum Beispiel, dass sie sich nicht dauernd für das entschuldigen, was sie meinen, nicht zu können: »Irgendwie sind die Spinattörtchen nicht so gut gelungen wie beim letzten Mal. Ich glaube, ich hätte lieber doch keinen tiefgekühlten Spinat dafür verwenden sollen.« Oder: »Ich kann Ihnen aber vorerst leider nur ein Kurzkonzept zufaxen. Ginge das?«

Powertalker behalten solche Zweifel für sich. Weil den anderen der kleine Geschmacksunterschied wahrscheinlich gar nicht auffällt. Oder sie sagen, was sie tun werden, statt auszuführen, was sie momentan nicht tun können: »Ich schicke Ihnen bis morgen ein Kurzkonzept und Anfang nächster Woche einen ausführlichen Entwurf. Sind Sie damit einverstanden?«

Powertalker übernehmen Verantwortung. Statt sich als Opfer des Arbeitsmarkts, eines unfähigen Chefs, eines karrieristischen Partners oder einer unpünktlichen Fluglinie zu sehen, betrachten sie sich als Manager der Situation, in die sie mit oder ohne ihr Zutun geraten sind. Wobei Verantwortung zu übernehmen nichts damit zu tun hat, sich schuldig gemacht oder einen Fehler

121

begangen zu haben. Ver*antwort*lich zu sein, heißt vielmehr, so Walther, eine *Antwort* auf die aktuelle Situation zu finden.[36]

Deshalb machen Powertalker nie die Umstände für ihre Lebenssituation verantwortlich: »Fast alle unser Freunde haben längst ein Haus im Grünen. Wir dagegen, mit unseren ständigen Umzügen ... Aber wenn Jürgen beruflich vorankommen will, bleibt uns nichts anderes übrig.« Statt sich als Spielball des Schicksals Leid zu tun, treffen sie selbst ihre Wahl, wie sie ihr Leben am besten meistern: »Wir haben uns *entschieden*, dass Jürgens Karriere erst einmal wichtiger ist als ein eigenes Haus. Ich bin froh, dass ich als Krankengymnastin überall schnell einen Job finde. Und spätestens in zehn Jahren hat das Nomadenleben ein Ende. Dann kaufen und renovieren wir ein altes Bauernhaus.«

Powertalker geben verlässliche Zusagen. Wo andere sich in vagen Vermutungen erschöpfen: »Normalerweise müsste das Ersatzteil übermorgen da sein«, legen Powertalker sich klar fest: »Wir liefern Ihnen das Ersatzteil spätestens übermorgen.«

Häufig halten sie sogar mehr, als sie versprechen. Sie vermeiden es nämlich tunlichst, falsche Erwartungen zu wecken, die sie nachher womöglich nicht einhalten können: »Wir liefern Ihnen den DVD-Player vermutlich schon nächste Woche, auf jeden Fall aber vor Weihnachten – hundertpro.« Lieber kalkulieren sie bei Zusagen den *worst case* mit ein: »Wir liefern den DVD-Player auf jeden Fall bis Sylvester.« Und können, wenn alles klappt, den Kunden damit überraschen, dass er sein Gerät noch vor den Feiertagen erhält.

Wirklichkeit definieren

Die so genannte Wirklichkeit ist das Ergebnis von Kommunikation, formuliert der in Kalifornien lebende österreichische Kommunikationswissenschaftler Paul Watzlawick.[37] Beispiele dafür liefert der ganz normale Alltag: Der Berufsverband der Arzt-,

Zahnarzt- und Tierarzthelferinnen macht sich dafür stark, dass sich Praxishelferinnen künftig als Medikantin bzw. Dental-Medikantin bezeichnen dürfen. Statt wie ehedem Lösungen zum eigenen Vorteil anzustreben, denken wir in Win-Win-Situationen. Der Hausmeister wird zum Facility Manager befördert, das Ortsgespräch avanciert zum CityCall, und kein Auszubildender würde es sich gefallen lassen, wie vor zwanzig Jahren als Lehrling bezeichnet zu werden.

Worte besitzen eine seltsame Macht. Sie lösen Vorstellungen in unseren Köpfen aus und können damit ein und dieselbe Sache aufwerten oder herabwürdigen, beschönigen oder abqualifizieren, ihr einen modernen Touch oder eine konservative Anmutung verleihen. Moderne Eindrucksmanager überlegen sich daher nicht nur, *was* sie sagen, sondern *wie* sie es formulieren.

Am Anfang steht das Wort

Die *Neue Mitte* und die *Emotionale Intelligenz*, der *Landhausstil* und das *Lean Management* liefern den Beweis: Es braucht einen einprägsamen Namen, um politische Konzepte, wissenschaftliche Ideen, modische Trends und Umstrukturierungen im Unternehmen zu etablieren. Oft genug wiederholt, setzen sich griffige oder überraschende Bezeichnungen in den Köpfen fest, verändern unsere *Wahrnehmung* der Wirklichkeit und irgendwann auch die Wirklichkeit selbst.

Seit der Wissenschaftsautor Daniel Goleman die Botschaft von der emotionalen Intelligenz in unserem Bewusstsein verankert hat, betrachten wir unser Denken und Handeln ja tatsächlich mit neuen Maßstäben. Ich zum Beispiel kann seither meine Wünsche leichter mal hintanstellen: Einfach deshalb, weil der von Goleman bekannt gemachte Begriff »Impulskontrolle« in meinen Ohren attraktiver klingt als das Wort »Verzicht« mit seinem Beigeschmack von Opfer und Entsagung. Und vermutlich werden wir der Dental-Medikantin wirklich mehr Respekt entgegenbringen als der Zahnarzthelferin, in deren Berufsbezeichnung die Assoziation des Helfens und unselbstständigen Arbeitens mitschwingt.

Pflegen Sie den schönen Schein

Je gezielter wir unsere Worte wählen, desto besser können wir steuern, ob und wie andere uns und unsere Botschaft wahrnehmen. Unserem Image zuliebe gehört es dazu auch, dass wir uns und das wirkliche Geschehen behutsam idealisieren.[38] Das fängt schon mit Kleinigkeiten an: Ein Kollege, der nach einer Besprechung das Büro mit einem gemurmelten »Mahlzeit. Das hat vielleicht wieder gedauert. Hat sich wenigstens der Ohlsen aus Würzburg gemeldet?« betritt, vermittelt durch seine Ausdrucksweise einen anderen Eindruck von sich als die Mitarbeiterin, die eine professionell freundliche Sprache pflegt: »Hallo, Frau Kaun. Da bin ich wieder. Wissen Sie, ob der Andreas Ohlsen aus Würzburg schon angerufen hat?«

Besonders wichtig ist eine idealisierende Ausdrucksweise bei Problemen wie Lieferschwierigkeiten, Auftragsmangel oder Ratlosigkeit. Dann gilt es, die Wahrheit so zu vermitteln, dass wir uns als Problemlöser präsentieren: »Wir besprechen den genauen Behandlungsplan heute Abend, wenn die Laboranalyse vorliegt.« Statt als Problemfall: »Hm, momentan kann ich dazu gar nichts sagen. Vielleicht bringt ja die Laboranalyse genauere Aufschlüsse.«

Besetzen Sie Themen

Wenn wir Änderungen einführen, Konzepte durchpauken oder Dienstleistungen und Produkte verkaufen möchten, kommt es erst recht darauf an, die richtigen Worte zu finden. Um uns nämlich mit einem Thema oder Projekt profilieren zu können, müssen wir es erst einmal für uns reklamieren und im Bewusstsein der anderen verankern. Das beste Instrument dafür ist ein eingängiges Schlagwort, das Sie unermüdlich im Munde führen.

Diese Bezeichnung kann, wie die »brutalstmögliche Aufklärung« von Roland Koch, dem hessischen Ministerpräsidenten, selbsterfunden sein. Genauso gut können Sie sich aber auch Themen zu Eigen machen, die momentan durch die Managementliteratur und die Medien geistern: lernende Organisation, Credibility, digitale Revolution, B2B, Bindungsindex. Hauptsache, »Ihr« Schlagwort klingt in Ihrem Umfeld attraktiv und vielversprechend, und Sie sind fachlich in der Lage, es mit Inhalt zu erfüllen.

Diese Methode, ein Thema zu besetzen, funktioniert aufgrund eines psychologischen Phänomens: Die ständige Wiederholung einer Botschaft – egal, ob wahr oder falsch – erzeugt Realität. Je öfter Behauptungen oder Begriffe gehört werden, desto tiefer dringen sie in das Bewusstsein ein. Ein Beispiel dafür ist die ebenso schlichte wie erfolgreiche Werbekampagne des Stromversorgers Yello: Mit der Nonsense-Botschaft »Der Strom ist gelb« gelang es Yello innerhalb weniger Monate, praktisch aus dem Nichts einen ungewöhnlich hohen Bekanntheitsgrad zu erreichen.

Gehör schenken

Im letzten Sommer flatterte uns ein Brief ins Haus, wir hätten eine Kurzreise gewonnen. Um sie antreten zu können, müssten wir allerdings vorher an einer Informationsveranstaltung teilnehmen. Komisch, dachten wir. Aber dann regnete es an dem fraglichen Abend in Strömen, und wir beschlossen, uns die Sache mal anzusehen. Bei der betreffenden Adresse angekommen, wurden wir von einer freundlichen Dame mittleren Alters in Empfang genommen, die uns bat, ihr ein paar Fragen für die Statistik zu beantworten: wie oft wir in Urlaub fahren, wohin, welche Erwartungen wir damit verbinden usw. Es entspann sich ein Gespräch, in dem wir viel und lebhaft erzählten, während unsere Gesprächspartnerin sichtlich interessiert zuhörte. Nach einer guten halben Stunde nahm das Gespräch eine neue Wendung: Ein Kollege der Dame gesellte sich zu uns, und plötzlich standen nicht mehr Reiseerinnerungen im Mittelpunkt, sondern das Geld, das ein schöner Urlaub kostet. Allmählich wurde uns dann klar, worauf das Ganze abzielte: Man wollte uns Anteile an einem Timesharing-System verkaufen – im Wert von weit über 20.000 DM. Dafür hatten wir weder Geld noch Interesse übrig. Am liebsten hätten wir uns auf der Stelle verabschiedet. Wegen der wertschätzenden Haltung, die unsere Gesprächspartnerin im ersten Teil des Gesprächs eingenommen hatte, erwies sich das allerdings als gar nicht so einfach. Als wir das Spiel endlich und gerade noch rechtzeitig durchschaut hatten, bedurfte es vieler Erklärungen und Rechtfertigungen, bis wir uns auf einigermaßen höfliche Art aus dem Gespräch loseisen konnten.

Zuhörer sind im Vorteil

Das Erlebnis hat mir wieder einmal vor Augen geführt: Wer anderen Gehör schenkt, bringt sich in eine starke Position. Nicht nur, weil interessiertes Zuhören Sympathie einbringt. Sondern auch, weil der, der dem Gesprächspartner den rhetorischen Vortritt überlässt, sich damit eine Reihe von Vorteilen verschafft.

Zuhörer haben die besseren Informationen. Die meisten Menschen geben liebend gern ihre Meinung kund: über den Diskussionsbeitrag der Kollegin aus der Personalabteilung, den Unsinn der jüngsten Reorganisation des A-Bereichs, die Überlegenheit des neu vorgestellten Intel-Prozessors, den Machtkampf zwischen den Geschäftsführern, die Möglichkeiten des Internets. Wer es versteht, zuzuhören und zu beobachten, kann aus diesem Redefluss wertvolle Informationen über die Stimmung, die versteckten Interessen, die Ängste, Erwartungen oder die finanzielle Situation des Gegenübers ziehen – ohne Vergleichbares von sich selbst preiszugeben.

Zuhörer schonen ihre Kräfte. Wer andere ermutigt, sich auszusprechen und ihr Anliegen von der Seele zu reden, nimmt ihrer Energie und Angriffslust die Spitze. Vor allem bei Kritik gilt:

126

reden lassen. Irgendwann fühlen sich die meisten Angreifer beschämt und nehmen von selbst einen Teil der Vorwürfe zurück: »Entschuldigen Sie, wenn ich eben etwas heftig reagiert habe. Ich weiß ja, dass der Termin eng war. Aber Sie müssen meine Position auch verstehen ...« Deshalb: Auch wenn Ihnen Einwände auf der Zunge liegen, halten Sie sie zurück, bis Ihr Gesprächspartner sich müde geredet hat. Später fallen Ihre Argumente auf umso fruchtbareren Boden.

Zuhörer haben etwas gut. Nicht umsonst heißt es: Jemandem Gehör *schenken*. Die meisten Menschen spüren, dass der zuhörende Gesprächspartner sein Ego für eine Weile hintanstellt. Damit aber tritt die so genannte Vergeltungsregel in Kraft: Nachdem jemand in den Genuss einer Vergünstigung gekommen ist – einer Einladung, einer Probefahrt oder eben eines offenen Ohrs für sein Anliegen –, steht er in der Schuld des anderen. Dabei spielt es, so der Sozialpsychologe Robert B. Cialdini, keine Rolle, ob er um den Gefallen gebeten hat oder nicht. So oder so fühlt er sich gemäß der Vergeltungsregel verpflichtet, sich in irgendeiner Weise zu revanchieren.[39]

Weil kaum jemand es wagt, sich über die Vergeltungsregel hinwegzusetzen, kann aufmerksames Zuhören eine höchst wirksame Beeinflussungstechnik sein. Im Gegenzug für unser offenes Ohr wird der andere mit großer Wahrscheinlichkeit das Bedürfnis haben, unsere Aufmerksamkeit zu erwidern: zum Beispiel durch Zugeständnisse, Unterstützung, Aufgeschlossenheit für unsere Vorschläge oder zumindest besondere Höflichkeit.

Zuhören, ohne auszuhorchen

Aufmerksames Zuhören ist ein aktiver Prozess, der uns einiges abverlangt: uns zu konzentrieren, den anderen ausreden zu lassen, auf eine offene Körpersprache zu achten, uns Zeit zu nehmen und durch Kopfnicken, Lächeln oder gezieltes Nachfragen (»Können Sie mir genauer erklären, wie das Konzept umgesetzt werden soll?«) Interesse an den Ausführungen des anderen zu zeigen. Allerdings: Locken Sie durch einfühlsames Zuhören nicht zu viel aus Ihrem Gesprächspartner heraus. Ein Partner, der im Nachhinein das Gefühl hat, zu viel preisgegeben zu haben, fühlt sich hinterher oft peinlich berührt und bereut seine Offenheit. Langfristig kann das der Zusammenarbeit mehr schaden als nützen.

Professionell kontern

Ein Gesprächspartner empfängt Sie mit der Bemerkung: »Fassen Sie sich bitte kurz. Meine Zeit ist knapp.« Greift Sie persönlich an: »Das müssen gerade Sie sagen. Ihnen geht es doch nur um Ihre Karriere«. Bestreitet Ihre Erfahrung und Kompetenz: »Und Sie glauben wirklich, das beurteilen zu können? Wie lange sind Sie jetzt bei uns?« Blättert während Ihrer Ausführungen desinteressiert in seinen Unterlagen. Stichelt. Blockiert. Findet an allem einen Haken. Lenkt ab. Provoziert. Nicht nur einmal, sondern immer wieder.

Häufig reagieren wir in solchen Situationen reflexartig: Entweder wir fahren aus der Haut, oder wir schlucken unseren Ärger scheinbar gelassen hinunter. In beiden Fällen machen wir uns, ohne es zu wollen, zum Spielball des Gesprächsstörers: Der andere bestimmt Stimmung, Lautstärke und Grad der Unfairness. Wirkungsvoller und gesünder ist es, das Machtspiel zu unterbrechen und das Gespräch zu versachlichen. Die folgenden Techniken helfen, innerlich Distanz zu gewinnen und einen kühlen Kopf zu bewahren.

Sprechen Sie über das Gespräch

Eine Chance, Widerständen zu begegnen, bietet die *Metakommunikation*, das Gespräch über das Gespräch. Metakommunikation bedeutet, die Situation von außen zu betrachten, die Gesprächsbedingungen zu klären und emotionale Unterströmungen anzusprechen.[40] Zeigen Sie, dass Sie die Taktik durchschauen:

... »Ich denke, zehn Minuten reichen aus, um das Problem zu klären. Sollen wir das Gespräch gleich führen oder lieber vertagen?«

... »Der Fall, den Sie schildern, ist meiner Meinung nach ein Sonderfall. Ich finde, wir sollten zunächst einmal das konkrete Problem lösen. Sind Sie damit einverstanden?«

... »Ich habe das Gefühl, dass sich das Gespräch in Schuldzuweisungen verliert.«

Ganz wichtig dabei: Ihre Stimme darf nicht aggressiv, beleidigt, oberlehrerhaft oder ironisch klingen.

Kommunizieren Sie nicht defensiv

Wer sich verteidigt, klagt sich an. Auf jeden Fall manövriert er sich in eine unterlegene Position. Denn: Wer nach unqualifizierten Schuldzuweisungen oder Negativbewertungen glaubt, dem anderen eine Erklärung schuldig zu sein, liefert weitere Angriffspunkte und erweist sich obendrein als erpressbar. Das können Sie umgehen, wenn Sie sich darauf beschränken, mit ein, zwei emotionslosen Sätzen zu reagieren:

... »Ich kann verstehen, dass Sie das so sehen.«
... »Es tut mir Leid, dass Ihnen mein Entwurf nicht zusagt.«
... »Das ist ein interessanter Aspekt.«

So nehmen Sie den emotionalen Überdruck aus der Situation heraus und lassen Sticheleien, Drohungen und Angriffe auf höfliche Art ins Leere laufen. Ihre eigene Meinung bleibt dabei völlig offen. Wenn Sie die Taktik konsequent anwenden, werden die unfairen Tricks des anderen verpuffen: Er hat keinen Mitspieler mehr.

Kehren Sie zur Sachebene zurück

Seit über zehn Jahren veranstaltet der Autohersteller BMW das Golfturnier »BMW International Open«. Aus diesem Anlass führte die *SZ* 1999 ein Interview mit der BMW-Sprecherin Saskia

Bell über das Sport-Sponsoring des Konzerns. Im Lauf des Interviews stellte der Redakteur Felix Berth die Frage, ob BMW auch Sportarten wie Fußball oder Eishockey sponsern würde. Auf die Antwort, das stünde zurzeit nicht zur Diskussion, hakte er nach: »Eishockey wäre zu prollig?« Die Sprecherin reagierte souverän: »Man müsste diskutieren, ob Eishockey zu BMW passt. Ich würde Fußball und Eishockey übrigens nicht als ›prollig‹ titulieren. Wir wollen ja niemandem zu nahe treten.« Als Profi ging Saskia Bell natürlich auf die Provokation nicht ein. Aber sie nahm sie auch nicht unkommentiert hin. Indem sie zunächst den sachlichen Inhalt der Frage beantwortete und sich dann von der *Wortwahl* distanzierte, bewahrte sie ihre Souveränität.

Auch Sie können Provokationen und Beleidigungen die Spitze nehmen, indem Sie die Sache in den Mittelpunkt rücken. Ein Beispiel: Ihr Gesprächspartner attackiert Sie: »Wenn Sie in diesem Tempo weitermachen, sitzen wir morgen früh noch hier.« Ignorieren Sie den persönlichen Angriff. Gehen Sie stattdessen auf die Ich-Botschaft ein, die dahinter steckt: »Sie meinen, unser Gespräch dauert zu lange?« Eventuell können Sie noch nachlegen: »Ich habe heute abend übrigens auch noch etwas anderes vor. Ich höre mir das Jazzkonzert im Schlosspark an.«

Spielen Sie auf Zeit

Manche Gesprächspartner setzen Provokationen und unfaire Taktiken bewusst ein, um Sie in Rage zu bringen, zu verwirren und aus der Reserve zu locken. Gehen Sie ihnen nicht in die Falle. Schlagen Sie sie lieber mit ihren eigenen Waffen – und geben Sie sich verständnislos:

... »Ich verstehe nicht, worauf Sie hinaus wollen.«
... »Wie meinen Sie das genau?«
... »Wie kommen Sie denn darauf?«
... »Tatsächlich?«
... »Ach was!«

Der Vorteil für Sie: Sie gewinnen Zeit und vermeiden unbedachte Äußerungen. Die Chancen stehen gut, dass der Angreifer nicht näher erläutern möchte, warum er Sie für einen Traumtänzer hält und wer ihm die Neuigkeit von Ihrer Bewerbung bei der Konkurrenz gesteckt hat. Ganz ungefährlich ist die Taktik trotzdem nicht: Ein rüpeliger Gesprächspartner fühlt sich womöglich erst richtig herausgefordert und greift Sie noch massiver an.

9 Entdecken Sie die Macht der Gefühle

Mit langem Gesicht verkaufte man keine Grundstücke, und man brachte auch keinen ordentlichen Vertrag zu Stande, wenn man sich morgens nur mit Mühe aus dem Bett quälte – schon gar nicht in diesem Geschäft. Das brauchte Kyra niemand zu sagen. Sie war die geborene Maklerin – Medium, enthusiastische Einpeitscherin, Verführerin und Psychoanalytikerin zugleich –, und normalerweise verlor sie nie die Begeisterung, ganz egal, wie klein die Transaktion war und zum wievielten Mal sie dieselbe langweilige Prozedur wiederholte.

T. C. Boyle, AMÉRICA

»Freu dich doch«, sagte mein Schwager zu mir, als ich beim Familientreff bei den Eltern darüber jammerte, dass ich seit Wochen auf die schriftliche Bestätigung eines mündlich längst zugesagten Übersetzungsauftrags wartete. »Mensch, freu dich doch. Jetzt genieß doch erst mal, dass euer letztes Buch so gut läuft. Das ist doch toll.« Er ist Marketing-Manager – und ich weiß, dass er diese Art von Coaching in unzähligen Seminaren gelernt hat. Trotzdem fühlte ich mich umgehend besser: Ich konnte förmlich spüren, wie an die Stelle von Unruhe und Genervtheit Zuversicht und Selbstvertrauen traten.

Gefühle sind ansteckend – und seit dem Siegeszug der emotionalen Intelligenz auch Trumpf im Job. Neben Bilanzen und Statistiken, Berechnungen und Marktanalysen, Sachargumenten und Meilensteinen zählen zunehmend auch Faktoren wie Begeisterung, Ausdrucksstärke, Flow, Gelassenheit, Einfühlungsvermögen und Visionen. Der Grund dafür leuchtet ein: Wer sein emotionales Potenzial nutzt, gewinnt nicht nur an Ausstrahlung.

133

Er ist darüber hinaus in der Lage, auf die Gefühle *anderer* einzuwirken: zu beeinflussen, mitzureißen, auszugleichen und zu inspirieren.

Flow

Es gibt Momente, da klappt einfach alles. Das Bewerbungsschreiben, über das man schon seit Tagen nachdenkt, lässt sich auf einmal wie in Trance formulieren; bei der Präsentation des neuen Werbekonzepts gehen die Zuhörer nach anfänglicher Skepsis mit, und man läuft als Redner zu ungewohnter Hochform auf; nach mehreren Fehlstarts ergibt sich die Optimierung des kniffligen Algorithmus plötzlich wie von selbst, und im Golfturnier ist ein paar unvergessliche Löcher lang jeder Schlag ein Treffer.

Alles fliesst

Der Psychologe und Kreativitätsforscher Mihaly Csikszentmihalyi hat für solche spontanen Hochphasen den Begriff Flow geprägt. Flow ist ein Glückszustand, der aus der intensiven Beschäftigung mit einer Aufgabe entsteht und auf die Psyche wirkt wie ein lang anhaltender Adrenalinstoß. Wahrscheinlich verdanken wir das Glücksgefühl der Leistungseuphorie einem Zusammenwirken des körpereigenen Belohnungsstoffes Dopamin mit dem Peptid Cholecystokinin (CCK) – gemeinsam versetzen sie den Organismus in eine positive Stimmung, in der wir unser individuelles Potenzial voll umsetzen.[41]

Zu den typischen Kennzeichen von Flow gehört es, dass wir darin Raum, Zeit und Publikum vergessen. Solange der Zustand des Fließens andauert, gehen wir ganz in unserer Tätigkeit auf. Während wir normalerweise eifersüchtig darüber wachen, wie wir auf andere wirken, sind wir im Flow vollständig auf das konzentriert, was wir gerade tun. Für kurze Zeit ist unser Geltungsbedürfnis ausgeschaltet.

Flow hat Magie

Flow ist ein zutiefst privates und äußerst störanfälliges Erlebnis. Weil ihn die geringste Ablenkung zum Verschwinden bringen kann, verträgt er eigentlich kein Publikum. Trotzdem stärken häufige Flow-Erlebnisse unsere Außenwirkung: Sie verleihen uns Präsenz, bauen unser Selbstbewusstsein auf und machen uns unabhängig(er) von äußerer Anerkennung.

Präsenz. Wer erlebt, wie ein Kreativteam in einer Phase absoluter Konzentration eine vage Idee zu einem durchdachten Konzept entwickelt oder wie eine Cellistin völlig gefangen genommen ist von ihrem Spiel, spürt: Hier ist nichts gestellt oder kalkuliert. Hier unterbleibt jedes Schielen auf Wirkung. Hier wächst jemand für Augenblicke über sich selbst hinaus. Kein Beobachter kann sich der Intensität solcher Momente entziehen.

Selbstsicherheit. Aber auch wenn niemand Zeuge Ihrer Leistungseuphorie geworden ist, ist diese Erfahrung so intensiv, dass sie Ihre Ausstrahlung noch Stunden danach steigert: Die Energie, die beim *Flow* freigesetzt wurde, und das Bewusstsein, eine schwierige Herausforderung gemeistert zu haben, machen uns gelöst, glücklich, sicher und zufrieden – und das merkt man uns an. »Nach einem Flow-Erlebnis ist das Selbstkonzept normalerweise gestärkt«, versichert Csikszentmihalyi. »Paradoxerweise wächst das Selbst durch Akte der Selbstvergessenheit.«[42]

Unabhängigkeit. Das unmittelbare Erleben des Fließens ist erfüllender und lohnender als jede Anerkennung von außen. Wer dank des Flows seinen Kick aus der Sache selbst bezieht, fühlt sich zu immer höheren Leistungen angespornt und hängt weniger als andere am Motivierungstropf aus Geld und Incentives, Ruhm und Ehre, Status und Macht. Daraus erwächst eine innere Unabhängigkeit, die Eindruck macht.

Flow-Bedingungen

Der Zustand des Fließens lässt sich nicht herbeizwingen. Wir können aber lernen, ihm den Boden zu bereiten. Csikszentmihalyi nennt als Bedingungen dafür unter anderem:

Klare Ziele: Im Berufsleben sind die Ziele häufig klar vorgegeben: das Design der Bedieneroberfläche an die Kundenwünsche anzupassen; die Verkaufszahlen um 15 Prozent zu steigern; den defizitären Bereich wieder fit zu machen. Aber auch privat können wir unsere Freude an unseren Leistungen erhöhen, indem wir den Morgen mit konkreten Zielen beginnen – und sei es nur, die Blumenzwiebeln zu setzen oder die Satellitenantenne zu montieren.

Verinnerlichte Beurteilungsmaßstäbe: Nicht immer erhalten wir zu dem, was wir tun, sofort eine Rückmeldung. Ich zum Beispiel werde frühestens in einem Jahr wissen, ob ich mit der Idee für dieses Buch richtig gelegen habe. Um beim Schreiben einen Flow zu erleben, muss ich deshalb ohne Feedback von außen einschätzen können, ob ein Abschnitt schlüssig oder ein Kapitel gut aufgebaut ist.

Die Balance von Können und Anforderung: Die Chancen auf den Flow stehen am besten, wenn sich Herausforderung und Leistungsfähigkeit in etwa die Waage halten. Ein Zahnarzt im Praktikum kann völlig im Setzen einer Amalgamfüllung aufgehen; müsste er dagegen eine Wurzelresektion vornehmen, würde er statt des Flows Panik empfinden – einfach, weil die Aufgabe ein paar Nummern zu groß für ihn ist. Bei einem erfahrenen Zahnarzt verhält es sich umgekehrt.

Vermeiden von Ablenkungen: George Simenon, Erfinder des Kommissar Maigret, soll für das Schreiben eines Romans normalerweise kaum zwei Wochen gebraucht haben. Sein System: Er schloss sich in ein Hotelzimmer ein, verbat sich jede Störung und brachte täglich ein Kapitel zu Papier – eine Leistung, die ohne Dauerflow kaum denkbar erscheint. Wurde allerdings eine Niederschrift unterbrochen, rührte er das angefangene Manuskript nie wieder an. Wer Flow erleben will, muss also für Zeiten ungestörter Ruhe und Konzentration sorgen.

Optimismus

Menschen, die Begeisterung und Optimismus ausstrahlen, kommen besser an. Der Grund: Ihre positiven Gefühle übertragen sich auf das Gegenüber. Wie das funktioniert, erklärt Daniel Goleman in seinem Bestseller *Emotionale Intelligenz*: »Sehr wahrscheinlich imitieren wir unbewusst die Emotionen, die ein anderer erkennen lässt, durch eine von uns nicht wahrgenommene Mimikry des Gesichtsausdrucks, der Gebärden, des Tonfalls der Stimme und anderer nonverbaler Anzeichen der Emotionen. Durch diese Imitation erzeugen wir in uns die Stimmung des anderen.«[43] Es liegt somit nahe, dass gut gelaunte Menschen anziehender und sympathischer wirken als Menschen, die andere mit ihrem Missmut anstecken.

Gute Stimmung, schlechte Stimmung

Eine Reihe von Untersuchungen hat bestätigt, was Pessimisten schon immer ahnten: Ihre Selbstwahrnehmung ist realistischer als die der Optimisten, die dazu neigen, sich und die Welt in einen illusorischen Glanz zu tauchen.[44] Wahr ist aber leider auch, dass Pessimisten sich mit ihrer klügeren, aber traurigeren Weltsicht eher schaden als nützen. Es mag zwar realistisch sein, den *worst case* immer fest im Blick zu haben und bei jeder Gelegenheit im Munde zu führen. Nur: Auf Dauer schlagen Frustgespräche und Kassandra-Rufe aufs Gemüt – auch auf das der Menschen um Sie herum. Die Stimmung sinkt. Ein Gefühl der Ohnmacht und Sinnlosigkeit macht sich breit. Irgendwann erfüllen sich die düsteren Prophezeihungen dann tatsächlich – nicht wegen objektiv schlechter Rahmenbedingungen, sondern wegen diffuser subjektiver Bedenken.

Ein Beispiel für dieses Phänomen sind die Aktienbörsen: Mehr als aktuelle Unternehmensdaten bestimmen hier Hoffnungen und Ängste der Anleger die Notierungen. Es genügt, dass einige Investoren zu der Ansicht kommen, der Markt sei überbewertet, um kollektive Panik und massive Verkäufe auszulösen. Für solche Trendwenden sind häufig nicht harte Fakten ausschlaggebend, sondern ein verändertes Grundgefühl.

Optimismus kommt von innen

Eine optimistische Ausstrahlung erreicht man nicht durch Schulter- und Sprücheklopfen, kalkuliertes Herunterspielen von Problemen oder ein festgefrorenes Blendamed-Lächeln. Sie ist vielmehr äußerer Ausdruck einer inneren Haltung. Optimisten blicken hoffnungsvoll in die Zukunft und handeln in dem Glauben, das Leben im Griff zu haben und Schwierigkeiten meistern zu können. Ganz anders die Pessimisten: Weil sie Niederlagen und Probleme auf persönliche Unfähigkeit oder Hilflosigkeit zurückführen, erscheinen ihnen Hindernisse als unüberwindlich und Fehlschläge als vorgezeichnet. Eine warnende, mahnende, raunende Stimme in ihrem Inneren lässt sie leicht an sich und der Welt verzweifeln – und führt dazu, dass Pessimisten auf ihre Umwelt bedrückt, resigniert und passiv wirken.[45]

Dagegen lässt sich etwas tun: Zwar bestimmen biologisches Programm und frühkindliche Erfahrungen, ob wir die Welt tendenziell positiv oder negativ sehen. Wie wir aber mit diesen Gefühlen umgehen, haben wir selbst in der Hand: Es liegt in unserer Macht, die kritische innere Stimme durch rationale, zuversichtliche Gedanken und Äußerungen zu ersetzen.

Auf gute Laune programmiert

Pessimisten tendieren dazu, sich die Welt schlecht zu reden. Unweigerlich interpretieren sie ein 0,25-Liter-Glas, in dem sich

0,125 Liter Rotwein befinden, als »halb leer« – und tun sich selbst ein bisschen Leid dabei. Diesen Automatismus gilt es zu durchbrechen: Pessimisten müssen trainieren, Fakten als Chance statt als Problem zu sehen. Ein entscheidender Schritt in diese Richtung besteht darin, passive, negative Formulierungen konsequent durch aktive, positive zu ersetzen – im Gespräch mit anderen, aber auch im Selbstgespräch:

Statt: »Ich weiß nicht, ob ich das kann.«
sagen Sie sich: »Das ist eine interessante Herausforderung.«

Statt: »Dafür bin ich nicht zuständig.«
sagen Sie: »Frau Anselm ist unsere Spezialistin auf diesem Gebiet. Wenn Sie möchten, stelle ich Sie zu ihr durch.«

Statt: »Man müsste wissen, ob ...«
sagen Sie: »Ich werde mich erkundigen, ob ...«

Statt: »Die müssen den Lachs wohl erst angeln ...«
sagen Sie: »Die Vorspeise wird sicher gleich serviert.«

Statt: »Wie konnte es mir bloß passieren, dass ...«
sagen Sie sich: »Ich habe mich in den letzten Tagen übernommen. Am Wochenende lasse ich es ruhig angehen.«

Statt: »Wenn nur dieser Bericht endlich fertig wäre ...«
sagen Sie sich: »Ich bleibe heute Abend zwei Stunden länger und schließe den Bericht ab.«

Merken Sie es? Mit dieser Haltung geben Sie ein völlig anderes Bild ab. Vor allem aber: Sie *wirken* nicht nur zuversichtlicher, engagierter und kompetenter, Sie *sind* es auch – jedenfalls dann, wenn Sie Ihre Vorsätze und Zusagen in die Tat umsetzen. In Ihnen wächst das Gefühl, Herausforderungen meistern zu können. Dieses neue Selbstvertrauen wird Ihre Bereitschaft erhöhen, größere Risiken einzugehen und sich immer anspruchsvolleren Aufgaben zu stellen.

Gelassenheit

»Gelassenheit«, schrieb die österreichische Schriftstellerin Marie von Ebner-Eschenbach, »ist eine anmutige Form des Selbstbewusstseins.« Und im Alten Testament heißt es: »Wenn der Herrscher gegen dich in Zorn gerät, bewahre die Ruhe; denn Gelassenheit bewahrt vor großen Fehlern« (Kohelet, 10). In unserer Welt, in der die meisten Menschen andauernd unter Hochdruck stehen – morgens im Stau, vormittags im Meeting (»Bekomme ich das Strategiepapier durch?«), nachmittags am PC (»Der Schriftsatz muss heute noch raus«), abends an der Supermarktkasse (»Schaffe ich es noch rechtzeitig zur Post?«) –, wirken Menschen, die Ruhe und den Überblick bewahren, nicht nur wohl tuend und besänftigend, sondern auch beherrscht und überlegen.

Zwischen Gefühlswallung und Gefühlskälte

Irgendwie scheinen es gelassene Menschen zu schaffen, sich weder von ihren Gefühlen überrollen zu lassen noch sich ihnen zu verschließen. Weil sie nicht völlig von einer Stimmung in Anspruch genommen sind, können sie aufgeschlossen und feinfühlig auf ihr Gegenüber eingehen und Herausforderungen besonnen begegnen. Mit dieser Haltung heben sie sich positiv ab:

- von den *Stressbündeln*, die tief in den Alltags- und Überlebenskampf verstrickt sind, beim kleinsten Anlass in die Luft gehen, hektisch von Termin zu Termin hetzen, zu viel reden oder zu rasch und, wenn überhaupt, immer nur mit halbem Ohr zuhören, und
- von den *Gleichgültigen*, denen jeder Schwung fehlt, die sich an nichts freuen und für nichts begeistern können und für ihr Gegenüber schwer zu durchschauen sind.

Während die Hektiker mitten im Gewühl stecken und die Gleichgültigen teilnahmslos oder ironisch vom Rand aus zuschauen, stehen die Gelassenen über den Dingen. Sie haben den Kopf frei für das Wesentliche und leben im Frieden mit sich selbst. Dabei ist Gelassenheit mindestens ebenso sehr eine Frage der Lebenshaltung, wie eine Frage des angeborenen Temperaments. Nicht umsonst heißt es: sich in Gelassenheit *üben*.

Messen Sie den Dingen keine zu grosse Bedeutung bei

»Don't sweat the small stuff …«, sagen die Amerikaner. Und fahren fort: *»And it's all small stuff.«* Haben Sie schon einmal verfolgt, was Sie im Laufe einer Woche aufregt, ärgert, ängstigt, nervt oder traurig stimmt? In aller Regel nicht die existenziellen Fragen des Lebens, sondern: die ungerechtfertigte Kritik der Chefin. Der *Runtime Error,* der das Bearbeiten einer wichtigen Word-Datei verhindert. Der Rechtsüberholer auf der Autobahn. Die Suche nach der verloren gegangenen Akte. Die Panik, wegen der vereisten Straßen nicht rechtzeitig ins Büro zu kommen. Die Wut über die vorhersehbare, aber trotzdem frustrierende Steuernachzahlung. Wer es lernt, die kleinen Ärgernisse des Lebens wegzulächeln oder wenigstens nicht an sich herankommen zu lassen, kann nur gewinnen: Zeit. Kraft. Lebensgenuss. Und die Souveränität, über den Dingen zu stehen.

Schaffen Sie Ihren Gefühlen ein Ventil

Gelassenheit bedeutet, seine Gefühle auch in schwierigen Situationen unter Kontrolle zu haben. Damit ist nicht gemeint, dass Sie negative Gefühle ausblenden und verdrängen sollen: Auf diese Weise wirken Sie zwar nach außen hin unerschütterlich. Ihr Körper aber muss zusehen, wie er mit den unterdrückten Emotionen fertig wird und den damit verbundenen Stress verarbeiten. Besser ist es deshalb, negative Emotionen bewusst wahrzunehmen und kontrolliert herunterzuregeln. Zum Beispiel so:

Reden Sie sich Ärger und Ängste von der Seele – zu Hause, beim Stammtisch Ihres Netzwerks oder in einem privaten Telefonat zwischen zwei Terminen, aber nicht in Frustgesprächen auf dem

Flur oder in der Teeküche. Wenn Sie das Glück haben, dass Ihre Firma Ihnen einen Personal Coach zahlt, den Sie telefonisch oder per E-Mail jederzeit um Rat fragen können – umso besser.

Schreiben Sie Ihre Gefühle auf. Das regelmäßige Niederschreiben negativer Gefühle befreit, bringt Sie auf neue Ideen und soll sogar die körperliche Immunfunktion messbar stärken. Und: Ein Journal oder Tagebuch ist verschwiegener als jeder Kollege.

Gönnen Sie sich Auszeiten. Wenn Sie sich geärgert haben oder erschöpft fühlen, laufen Sie einmal um den Block oder wenigstens ein Stockwerk höher zum Kaffeeautomaten. Bewegung ist das natürlichste Mittel, eine Stressreaktion abzubauen oder einen ausgebrannten Geist wieder in Schwung zu bringen.

Nutzen Sie überschüssige Energie bei Ärger, Stress und Euphorie produktiv. Zum Beispiel, um endlich den Großgeräteantrag vom Tisch zu bekommen. Danach sind Sie wieder frei im Kopf und können Ihrer Umwelt mit Gleichmut entgegentreten.

Lernen Sie, gönnen zu können

Die Großzügigkeit, einem Gegenüber das Rampenlicht freiwillig und gerne eine Weile lang zu überlassen, gibt Gelassenheit und Ruhe. Statt auf dem schnellsten Weg ins Fahrwasser des eigenen Erlebens zu steuern (»Das kenne ich. Genauso ist es mir kürzlich ergangen ...«), ermutigen Sie den anderen zum Weiterreden (»Das ist ja interessant. Und wie ging die Geschichte dann weiter?«). Sie werden merken: Wenn Sie nicht ständig auf dem Sprung sind, die Aufmerksamkeit auf Ihre eigenen Erlebnisse und Themen zu lenken, gewinnen Sie an Ausstrahlung und Persönlichkeit.[46] Gleichzeitig drosseln Sie Ihr Tempo: Auch das ist ein wichtiger Schritt hin zu mehr Gelassenheit.

Leben Sie in der Gegenwart

Das Leben findet jetzt statt – während der Pförtner Sie mit seinen allmorgendlichen Betrachtungen über das Wetter aufhält,

Sie auf den Rückruf eines Lieferanten warten, die Ablage erledigen oder am Kopierer stehen. Meistens erleben wir solche Momente als Zeitfresser, die uns von produktiveren oder angenehmeren Beschäftigungen abhalten. Versuchen Sie, unvermeidlichen Alltagsaktivitäten Ihre ungeteilte Aufmerksamkeit zu widmen und sie bewusst wahrzunehmen: die gleichbleibende Freundlichkeit Ihres Gegenübers, den Moment des Nichtstuns, den runden, glattpolierten Griff des Lochers, das gleichmäßige Geräusch des Kopiererschlittens. Triviale Tätigkeiten und Wartezeiten werden so zu Inseln der Ruhe und Besinnung. Gleichzeitig vermitteln Sie Ihrer Umwelt den Eindruck, bei allem, was Sie tun, voll da zu sein.

Ausdrucksstärke

Zahlreiche Studien bestätigen, dass die ausdrucksstärkste Person in einer Gruppe innerhalb weniger Minuten ihre Stimmung auf den Rest der Gruppe überträgt – allein auf Grund ihres Gesichtsausdrucks, ihrer Körperhaltung, ihrer Mimik und ihrer Gestik. Glückliche, gefühlsintensive, extravertierte Menschen verfügen damit über ein Steuerungsmittel, dem sich ihre Umwelt nur schwer entziehen kann. Traurige, nüchtern-analytische, in sich gekehrte Menschen haben es dagegen schwerer, andere für ihre Ziele zu mobilisieren.[47] Auch sie können aber lernen, stärkere Gefühle als bisher zu entwickeln und sie überzeugend zum Ausdruck zu bringen.

Tun Sie das, was Sie gern tun

Franziskas Lebenstraum war es, Französisch- und Italienischlehrerin zu werden. Stattdessen übersetzt sie heute Vertrags- und Gesetzestexte für eine juristische Sozietät. Nachdem eine Übernahme in den Schuldienst nicht geklappt hat, ist sie in diese Nische eher zufällig als gewollt gerutscht. Wäre da nicht das solide Gehalt, würde sie lieber heute als morgen kündigen. Dass sie nicht richtig vorankommt, hat aber noch einen anderen Grund:

Obwohl sie sich selbst als offen und lebensfroh einschätzt, wirkt sie auf ihre Kollegen gleichgültig und lustlos.

So wie Franziska geht es vielen Menschen. Weil Veranlagung und Aufgabe nicht zusammenpassen, arbeiten sie mit angezogener Handbremse. Enthusiasmus, den wir nicht empfinden, können wir aber auch nicht glaubhaft vermitteln. Die Folge: Unsere Umwelt erlebt uns als langweilig und farblos. Wer mehr Energie und Schwung ausstrahlen möchte, muss deshalb, so Mihaly Csikszentmihalyi, sein Leben so einrichten, dass er die optimalen Alltagserfahrungen maximiert.[48]

Achten Sie auf die Gefühle der Gegenseite

Introvertierte Menschen sind zwar von Natur aus weniger ausdrucksstark als extravertierte. Dafür besitzen sie oft den Vorzug, gut zuhören und Stimmungsschwankungen sensibel wahrnehmen zu können. Kultivieren Sie diese Fähigkeit: Ermuntern Sie Ihren Gesprächspartner zum Weiterreden, erkundigen Sie sich, ob die Referendarin mit der Online-Datenbank zurechtkommt, werfen Sie der Kollegin, deren Konzept keinen Anklang bei der Gruppe fand, einen tröstenden Blick zu. Auch auf stille Weise kann man Eindruck machen.

Allerdings: Zuhören und Einfühlung sind Aktivitäten, die sich für Ihr Gegenüber unsichtbar unterhalb der Schädeldecke vollziehen – es sei denn, sie bringen Sie mimisch zum Ausdruck. Wie das geht, schauen Sie sich am besten im Kino an. Ich meine das ganz ernst: Nehmen Sie den Film *E-Mail für dich*. Bevor ich ihn gesehen habe, habe ich mich gefragt, wie interessant ein Film sein kann, bei dem die beiden Hauptdarsteller ziemlich viel Zeit damit verbringen, vor dem Computer zu sitzen und E-Mails zu tippen. Tom Hanks und Meg Ryan haben mich überzeugt: Man konnte ihnen beim Denken zuschauen und sehen, wie es in ihnen arbeitet. Genau das ist es, was auch einen guten Zuhörer unwiderstehlich macht.

Machen Sie sich Ihre Wirkung bewusst

Sie wissen, dass Sie auf Ihre Umwelt kritisch, skeptisch und wenig herzlich wirken. Dann können Sie entweder das Image des Mannes ohne Leidenschaften pflegen, der für seine Unbestechlichkeit bekannt ist und dessen Anerkennung deshalb begehrt ist wie eine olympische Goldmedaille. Sie können aber auch beschließen, in behutsamen Schritten offener und extravertierter zu werden. Zwingen Sie sich zu lächeln, Smalltalk zu betreiben, etwas von sich preiszugeben und Freude oder Unmut vorzuzeigen. Bringen Sie mehr emotionale Vokabeln in Ihre Sprache: »Ich schätze es«, »Ich hoffe«, »Ich bin fasziniert«. Vermutlich werden Sie sich dabei anfangs unwohl, unsicher, vielleicht sogar als Falschspieler fühlen. Probieren Sie deshalb brachliegende Seiten Ihres Wesens erst mal in unverfänglichen Situationen und im Umgang mit Fremden aus.

Ganz gleich, wie Sie mit Ihrer Emotionslosigkeit umgehen: In manchen Situationen ist es unumgänglich, Gefühle zu äußern – selbst wenn Sie normalerweise Persönliches nicht zulassen. Wenn Ihre Sekretärin eine Fehlgeburt erlitten hat oder ein Kollege einen schweren Autounfall, würde nüchterne Reserviertheit sie zusätzlich verletzen. Falls Sie auch in solchen Situationen Ihr Mitgefühl oder Entsetzen nur schwer formulieren können, dann sprechen Sie es an: »Ich weiß einfach nicht, was ich sagen soll. Kann ich Ihnen irgendwie helfen?« Hauptsache, Ihr Gegenüber merkt, dass sein Unglück Sie nicht kalt lässt.

Setzen Sie sich in Szene

Für Politiker und Personen des öffentlichen Lebens ist es selbstverständlich: durch dramatische Aktionen oder einprägsame Bilder Aufmerksamkeit auf sich zu ziehen und Emotionen zu wecken. Als Boris Jelzin beim Augustputsch 1991 einen Panzer der Putschisten enterte, prägte sich diese Geste Millionen von Fernsehzuschauern ein. Ich bin sicher, diese Bilder des Mutes und der Zivilcourage waren mit ein Grund dafür, dass Jelzin sich trotz seiner Krankheiten und Alkoholprobleme so lange im Amt halten konnte.

Überlegen Sie immer wieder einmal, wie Sie Stärken und Ziele in symbolischen Aktionen darstellen können, die Ihrer Umwelt im Gedächtnis haften bleiben. Solche Gesten brauchen nicht besonders spektakulär zu sein, um sich einzuprägen. Kürzlich bot mir eine Verkäuferin in einem Bekleidungsgeschäft mitten im Schlussverkauf an, die Ärmel der gerade gekauften Winterjacke innerhalb einer halben Stunde kürzen zu lassen – ungefragt, denn von alleine wäre ich niemals auf die Idee gekommen, dass eine solche Blitzaktion überhaupt möglich sein könnte. Seither verbindet sich der Name dieses Geschäfts für mich automatisch mit der Vorstellung von einem beispielhaften Service.

Überzeugungskraft

Die Kunst, Menschen zu beeinflussen, besteht darin, in ihnen bestimmte Gefühle auszulösen: Faszination – zum Beispiel für das kulturelle Angebot Berlins, um einer Mitarbeiterin den Umzug von der bayerischen Provinz in die Hauptstadt schmackhaft zu machen. Lust auf Sport und Spaß in der Gruppe – um in den flauen Sommermonaten neue Kunden für das Fitnessstudio zu gewinnen. Vertrauen – um die überängstliche Patientin von der Notwendigkeit einer Gewebeprobe zu überzeugen. Beunruhigung – um den Geschäftspartner wachzurütteln, endlich der Tatsache des wegbrechenden Marktes ins Auge zu sehen.

Gefühle vermögen, was Fakten, Zahlen, Charts und Analysen nicht können: Sie rühren an unser Innerstes. Sie erzeugen Bilder in unseren Köpfen. Sie fesseln uns, packen uns, fangen uns ein. Menschen mit Einfluss wissen das intuitiv. Und setzen deshalb auf Vision, Inspiration und positive Emotion als Kraftquelle ihres Erfolgs.

Werden Sie zum Pygmalion

1968 führten die Psychologen Rosenthal und Jacobson ein mittlerweile legendär gewordenes Experiment durch: In einer Untersuchung über die Einflüsse von Erwartungen wurde Lehrern mitgeteilt, bestimmte Schüler würden sich als »Spätentwickler« erweisen. Tatsächlich handelte es sich bei den genannten Schülern um ganz gewöhnliche Kinder, die nach dem Zufallsprinzip ausgewählt worden waren. Mit dem Fortschreiten des Schuljahres stellten sich bei ihnen deutliche Leistungsverbesserungen ein. Über einen subtilen Kanal, zum Beispiel Pupillenveränderungen, hatten die Lehrer ihnen vermittelt, dass sie mit einer Leistungssteigerung rechneten. Rosenthal und Jacobson bezeichneten dieses Phänomen als *Pygmalion-Effekt* – nach dem Bildhauer Pygmalion in der griechischen Mythologie, der durch seine Liebe zu der von ihm geschaffenen Statue Galatea die Göttin Athene dazu brachte, dem toten Stein Leben einzuhauchen.

Offenbar kann eine Stimmung der frohen Erwartung genau die Schubkraft liefern, die für das Gelingen eines Projekts noch fehlt. Moderne Pygmalions wissen das und holen das Beste aus ihren Mitstreitern heraus, indem sie ihnen durch ihr eigenes Auftreten das Gefühl vermitteln: Alles ist möglich. Sie geben hohe, aber realistische Ziele vor und signalisieren den Menschen um sich herum ihr Vertrauen und ihre Wertschätzung: Wer, wenn nicht wir? Wann, wenn nicht jetzt? Wo, wenn nicht hier? Durch verbale Ermutigung (»Du kannst das.« – »Ich zähle auf Sie.« – »Ich bin sicher, Sie schaffen das«), regelmäßiges Feedback, Augenkontakt, beipflichtendes Nicken oder ein aufmunterndes Lächeln erwecken sie den Eindruck, hundertprozentig von ihren Mitstreitern und dem Erfolg der gemeinsamen Mission überzeugt zu sein.[49] Mit ihrem nie erlahmenden Enthusiasmus für die anstehende Herausforderung bringen sie die Menschen um sich herum dazu, Vertrauen in ihre Fähigkeiten zu entwickeln und über sich hinauszuwachsen. Selbst wirken sie mit ihrer positiven Energie überaus anziehend und charismatisch.

Vermitteln Sie Visionen

Visionen zu vermitteln heißt, andere sehen zu machen, ihnen eine Vorstellung davon zu geben, was sein könnte, sie mitzureißen mit der eigenen Begeisterung. Damit der Funke überspringt, reichen gute Gründe, nüchterne Zahlen und nackte Fakten allein nicht aus. Je unkonventioneller und ausgefallener eine Idee ist, desto wichtiger ist es, dass wir erst einmal die Emotionen unseres Gegenübers ansprechen. Danach können wir mit rationalen Argumenten wirksam nachlegen.

Keiner Moderedakteurin wird es gelingen, die Redaktionskollegen davon zu überzeugen, künftig in jeder Ausgabe der Zeitschrift eine Modestrecke mit einem Model über 45 zu bringen – wenn sie als Argumente dafür lediglich die enorme Kaufkraft der über 50-jährigen und die Altersstruktur der Leserinnen anführt. Warum, werden sich ihre Zuhörer fragen, sollen ausgerechnet wir uns auf Neuland wagen? Schließlich haben die älteren Leserinnen es längst als Naturgesetz akzeptiert, dass 15-jährige die neue Frühjahrsmode und die aktuellen Make-up-Trends nun mal am vorteilhaftesten zur Geltung bringen. Um sich mit ihrer Idee durchzusetzen, müsste die Initiatorin ganz andere Geschütze auffahren: Sie könnte zum Beispiel

- an die Ängste der Kolleginnen vor dem eigenen Älterwerden appellieren,
- sie für die Vorstellung begeistern, neue Rollenvorbilder zu etablieren,
- ihren Ehrgeiz anstacheln, anderen Magazinen einen Schritt voraus zu sein,
- Fotostrecken von Models wie Isabella Rossellini oder Lauren Hutton zeigen, die für sich sprechen und die Machbarkeit ihrer Idee beweisen.

Werden Sie zum emotionalen Sender

Appelle an die Gefühle des Publikums sind umso wirksamer, je stärker uns ein Thema innerlich selbst bewegt. Dann strahlen nämlich die Augen, der Körper strafft sich, die Stimme wird tiefer, die Gesten ausdrucksstärker, die Sprache beredter. Wir wirken lebendig und intensiv. Diese körperliche Veränderung kommt nicht nur unserer Selbstdarstellung zugute, sondern auch unserer Überzeugungskraft. Sie ermöglicht es uns, den emotionalen Ton anzugeben und die Zuhörer in den Bann unserer eigenen Stimmungen zu ziehen – über ihren Kopf hinweg sozusagen direkt in ihr Herz vorzustoßen. Daniel Goleman erklärt diesen Vorgang so: »Der dominante Partner redet mehr, während der unterlegene Partner mehr auf das Gesicht des anderen achtet – die ideale Voraussetzung für die Übertragung von Gefühlen. [...] Das meinen wir, wenn wir sagen: ›Er hatte sie völlig in der Hand.‹«[50]

10 Zeigen Sie Profil

Alle waren überrascht und sehr erfreut, wieder von ihr zu hören. Schwangen nicht auch Respekt und wehmütiger Neid in ihren Stimmen mit? Ja, sie war eine Art Mythos geworden; ihr Aufenthalt in Yucatán hatte für die anderen einen exotischen, interessanten Menschen aus ihr gemacht. Man sah jetzt in ihr eine Frau, die alles im Griff hatte, eine Frau, die mitten im größten Erfolg abhauen und wieder zurückkommen konnte, ohne befürchten zu müssen, den Anschluss zu verlieren. Wenn die wüssten! dachte Maia.

Elizabeth Dunkel, UNTER DEM MOSKITONETZ

Seien wir ehrlich: Ein Ziel der Arbeit am eigenen Image ist es, aus der Masse der Konkurrenten herauszuragen. Dazu genügt es nicht, nett, selbstbewusst, gut angepasst und effizient zu sein. Dazu müssen wir auch mal den Mut aufbringen, uns zu exponieren: Aufmerksamkeit zu erregen, zu unseren Überzeugungen zu stehen und Anforderungen der Umgebung kühn zu ignorieren.

Nicht, indem wir – wie es kürzlich in einer Frauenzeitschrift empfohlen wurde – in Radlerhosen in die Oper gehen, um unsere Unabhängigkeit von der Meinung der Leute zu trainieren. Aber indem wir unserer Individualität Raum geben, wohl wissend, dass wir damit aus dem Rahmen fallen: uns eine freche Bemerkung erlauben über die notorische Unpünktlichkeit des Chefs. Den Wunsch nach einem Sabbatical anmelden, obwohl in unserer Firma der demonstrative Verzicht auf Privatleben ein wichtiger Image-Faktor ist. Mit den Inline-Skates zur Arbeit kommen. Weder Zeitmangel noch Darmgrippe vortäuschen, wenn uns die gesellschaftlichen Pflichten über den Kopf wachsen.

Sondern uns mit entwaffnender Offenheit dazu bekennen, dass wir den Abend lieber zu Hause vor dem Kamin verbringen als beim Essen mit dem Führungsteam oder beim Bastelabend im Kindergarten.

Menschen, die außer einstudierter Professionalität und dezenter Souveränität auch Eigenwilligkeit und Chuzpe im Programm haben, sind gefragt – auch im Job. Mittlerweile beginnt sich nämlich die Erkenntnis durchzusetzen, dass stromlinienförmige Glätte weder überzeugend wirkt noch neue Impulse liefert. Der Grund: Beim Abspulen einer vermeintlich perfekten Reaktion passen Worte, Mimik und Gestik oft nicht richtig zusammen. Und wenn alle die gleichen Ratgeber über Rhetorik und Körpersprache lesen, bleiben persönliche Besonderheiten auf der Strecke. Unser Verhalten wird gleichförmiger und durchschnittlicher. Wer Profil zeigen möchte, muss deshalb bei aller Arbeit am eigenen Ich auch ein Stück Unangepasstheit wagen.

Sich selbst treu bleiben

Nur wer als Person kongruent auftritt, wirkt echt und kann überzeugen. Als kongruent bezeichnen wir ein Verhalten, das in all seinen Facetten stimmig ist. Das ist dann der Fall, wenn es uns gelingt, unsere persönlichen Eigenheiten mit den realen Anforderungen in Einklang zu bringen – ohne uns zu verbiegen. Jeder von uns muss seinen eigenen Weg dafür finden.

Stehen Sie zu Ihren Besonderheiten

Christoph weiß, dass Trommeln zum Geschäft gehört. Trotzdem ist Selbst-PR seine Sache nicht. Irgendwie wird Eigenlob für ihn immer mit dem Gefühl verbunden bleiben: »Das tut man doch nicht.« Und selbst wenn er versucht, seine Erfolge ins rechte Licht zu rücken: Er merkt, dass er dabei viel gehemmter wirkt, als wenn er einfach auf die Kraft der Argumente setzt.

So wie Christoph denken wir alle gelegentlich. Auch wenn manche Verhaltensweisen für andere richtig sein mögen – uns gehen sie gegen den Strich. Und zwar nicht nur, weil es sich ungewohnt anfühlt, wenn wir aus vertrauten Mustern ausbrechen. Sondern weil manche der in Büchern und Seminaren empfohlenen Formen der Selbstdarstellung unserem Wesen wirklich fremd sind. Die Bamberger Psychologen Lothar Laux und Astrid Schütz empfehlen deshalb: Übernehmen Sie empfohlene Reaktionsweisen nur dann, wenn sie zu Ihrer Gesamtpersönlichkeit passen.[51]

Das heißt: Christoph könnte, um sein Image zu verbessern, seine Arbeit öfter bei Vorführungen oder Vorträgen präsentieren, statt öffentlichkeitswirksame Aufgaben auf seinen Kollegen abzuwälzen. Bei solchen Gelegenheiten kann er mit seinen Fachkenntnissen glänzen und sich nebenbei auch als Person bekannter machen. Aggressivere Formen des Ego-Marketing würde ihm seine Umwelt dagegen nur schwer abnehmen: zum Beispiel, wenn er wie manche seiner Kollegen der Mode folgen würde, zum Jahreswechsel allen Bekannten per Rundbrief seine jüngsten Projekte und Erfolge kundzutun – mit dem Tenor: »Ich bin supererfolgreich, superglücklich und superbeliebt.«

Reagieren Sie authentisch

Ein Kollege wischt die mühevoll zusammengestellten Zahlen vom Tisch: »Was sollen wir denn damit? Die Mühe hätten Sie sich sparen können.« Ihr Chef kanzelt Sie ab, weil eine Kundin sich über Sie beschwert hat. Bei einer anstrengenden Präsentation wird Ihr Mund so trocken, dass Sie nicht mehr weiterreden können. Am liebsten würden wir in solchen Situationen mit der Faust auf den Tisch hauen, in Tränen ausbrechen oder ganz einfach davonlaufen. Statt dessen mimen wir professionelle Gelassenheit: Die anderen sollen nicht merken, wie sehr sie uns verunsichern. Aber auch wenn wir uns noch so sehr zusammennehmen: Richtig locker und gelöst wirken wir nach einem Angriff auf unser Selbstbewusstsein nicht mehr. Wut, Verletztheit und Aufregung bringen uns nun mal aus dem Gleichgewicht. Schon ein unmerkliches Augenzucken, ein Versprecher oder ein Kloß im Hals genügen, um uns zu verraten.

Am schnellsten und sichersten kehren wir nach Stresssituationen zu einer emotionalen Mittellage zurück, wenn wir authentisch reagieren und unsere Gefühle zur Sprache bringen. Auf diese Weise grenzen und regen wir uns ab und bleiben auch in schwierigen Situationen bei uns. Sagen Sie in ein, zwei Sätzen, wie es um Sie steht:

... »Das war nicht angebracht.«

... »Ich empfinde die Kritik der Kundin als ungerechtfertigt. Bitte hören Sie sich erst einmal meine Version des Vorfalls an.«

... »Ich muss kurz unterbrechen, ich brauche dringend ein Glas Wasser.«

Konzentrieren Sie sich auf Ihre Stärken

Es gibt Eigenschaften, die in unserer Inszenierungs- und Vernetzungskultur zurzeit nicht besonders gefragt sind: Introvertiertheit gehört dazu, Vorsicht und natürlich Schüchternheit. Menschen mit diesen Charakterzügen gelten als zu wenig offen, zu wenig risikobereit, zu wenig teamorientiert. Diese Einschätzung ist wahrscheinlich nicht unberechtigt. Sie verstellt aber den Blick darauf, dass zurückhaltende Menschen sich dafür durch andere Fähigkeiten auszeichnen: Probleme gründlich zu durchdenken, sich selbst zu motivieren, unbequemen Wahrheiten ins Auge zu sehen.

Was immer deshalb Ihre persönliche Schwäche sein mag: Nehmen Sie Dinge, die Sie nicht oder nicht besonders gut können, zur Kenntnis. Und konzentrieren Sie sich dann auf die Stärken, die hinter den vermeintlichen Schwächen verborgen liegen. Angenommen, Sie können eine Aufgabe erst beenden, wenn jedes Detail stimmt. Dann sind Sie vermutlich nicht die Frau oder der Mann für schnelle Lösungen. Aber Sie liefern höchste Qualität. Das ist Ihr Markenzeichen, diese Besonderheit sollten Sie betonen. Nebenbei können Sie natürlich an Ihren

Defiziten arbeiten. Seien Sie sich dabei aber bewusst, dass Sie in diesen Bereichen normalerweise allenfalls Mittelmaß erreichen, aber nie ein Ass sein werden.

Dass sich die Konzentration auf persönliche Besonderheiten auszahlt, beweist die Lebensgeschichte des 1937 geborenen Charles Schwab, des Gründers des amerikanischen Finanzdienstleistungsunternehmens The Charles Schwab Corporation: Schwab hatte als Schüler und Student mit einer Lernbehinderung zu kämpfen und eignete sich Wissen nur extrem langsam an. Trotzdem schaffte er 1961 seinen Abschluss in Wirtschaft an der renommierten Stanford University, gründete 1971 die Charles Schwab Corporation und steht heute einem Unternehmen mit 3,4 Milliarden Dollar Gesamtertrag vor. Sein Erfolgsrezept: Er versuchte erst gar nicht, das gesamte Pensum zu lernen. Mit dieser Strategie hätte er seinen Mitschülern und Studienkollegen gegenüber den Kürzeren ziehen müssen. Stattdessen filterte er den Stoff und konzentrierte sich auf das Wesentliche.[52] Aus einer Schwäche heraus entwickelte er so die charakteristische Fähigkeit, Informationen zu sieben, ohne Umschweife zum Kern der Sache vorzustoßen und sich vage andeutende Trends frühzeitig zu erkennen.

Komplexität

Wer jahre- und jahrzehntelang den *homo oeconomicus* in sich ausbildet, von einem Meeting zur nächsten Konferenz jagt, nach Win-Win-Situationen sucht, Konflikte brav nach dem Konsensprinzip austrägt und die Normen eines effizienten, professionellen Auftritts verinnerlicht, ist irgendwann perfekt an sein Biotop adaptiert: intelligent, kommunikativ, durchsetzungsfähig, sympathisch – aber doch einer von vielen und damit trotz aller Vorzüge austauschbar. In jungen Branchen wie Werbung, Film und Multimedia beginnt es sich bereits abzuzeichnen: Mehr als der Nachwuchs von der Stange sind mittlerweile Quer- und Andersdenker gefragt, deren unkonventionelle Fassaden auch auf neue inhaltliche Impulse hoffen lassen. Nicht immer, aber immer öfter zählt eine komplexe, eigenwillige Persönlichkeit mehr als pflegeleichte Angepasstheit.

Die Kraft, die Zukunft schafft

Mihaly Csikszentmihalyi beschreibt psychische Komplexität als die Fähigkeit, widersprüchliche Extreme in sich zu vereinen – also zum Beispiel taff *und* verletzlich oder egoistisch *und* fürsorglich zu sein.[53] Die meisten von uns sind schlichter gestrickt: Ohne es zu merken, greifen wir nämlich reflexartig immer wieder auf vertraute Verhaltensweisen zurück. So fördern wir vielleicht einseitig die harmoniebedürftige, nachgiebige Seite unserer Persönlichkeit und unterdrücken unsere wettbewerbsorientierten, ehrgeizigen Impulse. Oder wir haben uns daran gewöhnt, so viele kulturelle und sportliche Unternehmungen zu planen, dass wir es verlernt haben, auch einmal mit uns alleine zu sein und einen Abend zu vertrödeln. Für unsere Umwelt sind wir damit berechenbar, aber auch ein bisschen eindimensional.

Komplexe Persönlichkeiten schaffen es dagegen, widersprüchliche Pole in sich auszubilden und auszuleben. Weil sie in zwei Welten zu Hause sind, bleiben sie offen für neue Anregungen, Erfahrungen und Perspektiven und sind immer für eine Überraschung gut. Harriet Rubin, die Autorin des Bestsellers *Machiavelli für Frauen*, macht die Faszination, die von einer komplexen Persönlichkeit ausgeht, am Beispiel von Jacqueline Kennedy Onassis fest: »Jackie Onassis ist von denen, die sie kannten, immer als eine Mischung von Menschlichkeit und Arroganz, von Leiden und Souveränität beschrieben worden. Sie erweckte den Eindruck, verwundet und doch allmächtig zu sein. Dies war die Quelle ihrer beherrschenden Kraft.«[54]

Eine vollständigere Entfaltung unseres Potenzials bereichert übrigens nicht nur unsere Persönlichkeit und Erlebnisfähigkeit. Sie ist auch volkswirtschaftlich betrachtet wichtig: Durch sie werden wir nämlich, so Csikszentmihalyi, »zu einem Teil der Kraft, die die Zukunft schafft«[55].

Zwischen den Polen wechseln

Die Konzentration auf einen von zwei Polen stellt eine Form der Spezialisierung dar. Gleichzeitig begrenzt sie uns aber in unseren Möglichkeiten. Ein Beispiel: Ich bin es gewöhnt, Buch- und Übersetzungsprojekte streng nach Arbeitsplan durchzuziehen. Diese selbst auferlegte Disziplin hat sich für mich bewährt, und ich sehe auch keinen Grund, davon abzugehen. Allerdings habe ich irgendwann gemerkt, dass ich auch in anderen Bereichen eher zu einer methodischen Vorgehensweise neige. Zum Beispiel, wenn ich das Risotto nach Rezept koche, statt alle fünf gerade sein zu lassen und die zugefügte Weinmenge einfach davon abhängig zu machen, wie viel vom Vortag übrig ist. Seither versuche ich, ganz bewusst zwischen Diszipliniertheit und *Laisser-faire* zu wechseln.

Weniger ausgeprägte Seiten zu stärken bedeutet also *nicht*, erprobte Verhaltensweisen gegen neue zu vertauschen. Es bedeutet lediglich, zur Abwechslung auch mal das Gegenteil auszuprobieren – vor allem in Situationen, bei denen es nun wirklich nicht so darauf ankommt. Weil es Spaß macht herauszufinden, dass das Risotto mit einer Handvoll Kürbiswürfel genauso schön gelb wird wie mit Safran! Und erst recht, weil wir uns durch den bewusst gepflegten Wechsel zwischen den Polen die Fähigkeit erschließen, genau wie »geborene« Querdenker die Welt aus verschiedenen Perspektiven zu betrachten. Wir erweitern unseren eigenen Erfahrungshorizont, entwickeln mehr Verständnis für die Sichtweise anderer und werden ganz nebenbei für unsere Umwelt interessanter.

Allein gegen die Mehrheit

Wer als kluger Kopf gelten möchte, braucht neben Intelligenz und guten Ideen auch Eigen-Sinn – den Mut und das Durchsetzungsvermögen, für den eigenen Weg, die eigenen Überzeugungen diplomatisch, aber entschieden einzutreten.

Das ist nicht so einfach, wie es klingt: Experimente des Psychologen Solomon Asch ergaben, dass von 123 studentischen Versuchspersonen etwa dreißig Prozent fast immer einer objektiv falschen Gruppenmeinung nachgaben, wenn sie mit ihrer objektiv richtigen Meinung allein gegen die Mehrheit standen. Lediglich 25 Prozent der Probanden ließen sich in ihrem Urteil nie von der Meinung der Gruppe beeinflussen. Erwiesen ist aber auch: Eine kleine Minderheit kann mit ihrer abweichenden Meinung nach und nach die Sichtweise der Mehrheit verändern. Sie muss dafür aber in Kauf nehmen, nicht beliebt und zunächst mit Widerstand konfrontiert zu sein.[56]

Auffallen statt gefallen

Konsens in der Gruppe schafft Identifikation und sorgt dafür, dass das Alltagsgeschäft seinen geordneten Gang geht: effizient, bequem, reibungslos. Wer nicht von Natur aus Spaß an Spannung und Dramatik hat, wird sich in diesen gut funktionierenden Trott gerne einreihen: Schließlich ist es ein schönes Gefühl, dazuzugehören, mit den Kollegen oder der Familie einer Meinung zu sein und von anderen gemocht zu werden. Außerdem wissen wir aus Erfahrung: Unsere Umwelt ist nicht sonderlich erpricht darauf, dass wir gewohnte Abläufe und Muster durch Extratouren und Soloauftritte in Frage stellen. Deshalb stimmen wir in der Ausschusssitzung für die Sperrung der Altstadtdurchfahrt – nicht weil wir davon überzeugt sind, sondern weil wir wissen, dass der Planungsreferent einstimmige Abstimmungen liebt. Genauso wie wir es uns als Neuling im Buchgeschäft lieber verkneifen, darauf hinzuweisen, dass die Gestaltung der Esoterik-Buchreihe längst der Überholung bedürfe.

So viel Friedfertigkeit macht uns zwar zu angenehmen, pflegeleichten Mitspielern, schränkt aber unsere Wirkung ein: Menschen richten nun mal ihre Aufmerksamkeit stärker auf das Besondere und Unerwartete als auf das Vertraute und Altbekannte. Wer den beschaulichen Konsens mit eigenwilligen Ideen in Frage stellt, macht sich zwar möglicherweise nicht beliebt. Aber er brennt sich eher ins Gedächtnis ein als jemand, der sich gutwillig der allgemeinen Meinung anschließt. Dazu kommt: Meistens gewinnen die, die sich nicht an die Spielregeln halten.

Der Mut, mehr Profil zu zeigen, lohnt sich also: Das Wissen, die Sache vorangebracht und der Diskussion eine neue Wendung verliehen zu haben, hebt das Selbstbewusstsein – auch wenn die anderen die Innovationskraft Ihres Beitrags erst einmal nicht anerkennen oder pikiert reagieren (»Du hast dich aber verändert.« – »Du musstest dich natürlich wieder mal profilieren«). Noch schöner ist es natürlich, wenn der Cheflektor Sie nach der Besprechung beiseite nimmt und sagt: »Sie sehen die Schwächen der Reihe schon richtig. Es freut mich, dass Sie den Mut hatten, das auszusprechen.«

Hart, aber sachlich

Oft sind es weder mangelnde Zivilcourage noch Angst vor dem Unmut der anderen, die uns zögern lassen, für unsere Meinung einzustehen. Sondern schlicht und ergreifend das Bedürfnis, in jeder Situation Haltung zu bewahren. Fast jeder von uns kennt Durchsetzungsversuche, die auf peinliche Weise gescheitert sind. Nicht, weil wir uns nicht behaupten konnten. Sondern weil wir aus der Rolle gefallen sind und laut, giftig oder kindisch reagiert haben. Um diese Seiten in uns möglichst nicht zum Vorschein kommen zu lassen, behalten wir unsere Einwände und Bedenken lieber für uns. Im Grunde ist das eine Überreaktion. Wir müssten ja einfach nur lernen, unsere Reaktionen besser zu dosieren: Impulse zu geben, ohne gleich Starkstromschläge auszuteilen.

Ein Hilfsmittel dafür ist die von Eric Berne entwickelte *Transaktionsanalyse*. Sie erleichtert es uns, manipulative Muster zu durchschauen, die wir gewohnheitsmäßig im Umgang mit anderen anwenden.[57] Berne geht davon aus, dass bei unserer Selbstbehauptung drei Facetten unserer Persönlichkeit eine Rolle spielen, die er als Ich-Zustände bezeichnet:

Das Kind-Ich: In diesem Zustand spielt das Kind in uns die Hauptrolle. Je nach Situation verhält es sich

- natürlich-spontan (»Ich nehme die Unterlagen gerne mit; ich komme nachher sowieso beim Schreibbüro vorbei.«),
- angepasst-brav (»Ja, allerdings müsste ich erst noch die Post ... Das geht doch, oder?«) oder
- rebellisch-aufmüpfig (»Also so habe ich mir mein Praktikum nicht vorgestellt. Ich dachte, ich soll mich hier um die Vernetzung kümmern.«)

Sobald das angepasste oder rebellische Kind-Ich aus uns spricht, machen wir uns zum unterlegenen Gesprächspartner. Im natürlich-spontanen Kind-Ich sind wir dagegen im Frieden mit uns selbst. Unsere Außenwirkung ist uns in diesem Zustand relativ egal.

Das Eltern-Ich. Im Eltern-Ich gehen wir mit anderen so um, wie wir es uns von unseren Eltern abgeschaut haben. Je nach Situation verhalten wir uns

- kritisch-autoritär: Wir moralisieren, hinterfragen und belehren (»Jetzt lassen Sie mich doch mal ausreden. Ich unterbreche Sie ja auch nicht dauernd«) oder
- gütig-besorgt: Wir raten, warnen und bemuttern (»Ich meine es doch nur gut mit Ihnen«).

Unabhängig davon, ob wir das Eltern-Ich kritisierend oder fördernd ausleben – wir demonstrieren Macht und Überlegenheit und machen damit das Gegenüber klein.

Das Erwachsenen-Ich. In diesem Status sind wir sachlich, objektiv, ruhig, einfühlsam, rational und souverän. Wir sprechen den anderen auf der gleichen Ebene an – ohne uns in die Ecke drängen zu lassen oder aufs hohe Ross zu setzen.

Form verleiht Format

Das Wissen um solche Kommunikationsmuster macht es leichter, anderen gegenüber den richtigen Ton zu finden und die

160

eigene Meinung gelassen und deshalb umso überzeugender zu vertreten. Ein Beispiel: Sie möchten die Espressotassen umtauschen, die Ihrem Partner nicht gefallen haben, und hätten gerne das Geld zurück. Die Antwort der Verkäuferin: »Das machen wir grundsätzlich nicht. Da hätten wir ja noch mehr Umtäusche.« Eine typische Botschaft aus dem belehrenden Eltern-Ich – die die meisten von uns zu einer Reaktion aus dem Kind-Ich verführt.

Stotternd im angepassten Kind-Ich: »Ach so, hm, das wusste ich nicht. Ja ... dann muss ich wohl den Gutschein nehmen.«

Auftrumpfend im rebellischen Kind-Ich: »Wenn das so ist, bin ich zum letzten Mal in Ihrem Geschäft gewesen.«

Möglich wäre aber auch eine Reaktion des Erwachsenen-Ich oder des Eltern-Ich: Sie würde das Kräfteverhältnis zu Ihren Gunsten verändern und Ihren Verhandlungsspielraum erweitern.

Verständnisvoll, aber unbeirrt im Erwachsenen-Ich: »Ich verstehe, dass das bei Ihnen üblich ist. Ich hätte trotzdem gerne das Geld zurück.«

Belehrend im Eltern-Ich: »Meine Güte, das sind ja Methoden von gestern. Wenn Sie heute Erfolg haben wollen, müssen Sie schon kundenfreundlicher sein. Am besten, ich kläre das mit Ihrer Chefin ...«

Mut zur Ecke

Brüche sind angesagt – jedenfalls beim Wohnen und Anziehen. Da kombinieren wir nämlich unbekümmert den Landhaustisch mit der Hightech-Küche und die Sneakers mit dem Business-Anzug. Als Ausdruck unserer Fantasie, unserer Lebendigkeit und unserer Vielseitigkeit. Genauso sollten wir auch Brüche in der Biografie sehen, verkaufen und sogar bewusst planen. In den meisten Branchen ist es zwar allen Sonntagsreden zum Trotz immer noch der sicherste Weg, die vorgezeichnete Laufbahn zu

161

durcheilen. Nur: Wer dabei keinen Blick nach rechts oder links wagt, nie ausschert auf dem geradlinigen Weg nach oben und auch nie ins Stolpern kommt, kann zwar schnell gutes Geld verdienen. Einen breiten Erfahrungsschatz, visionäre Kraft und die Fähigkeit, Krisen zu meistern, wird er sich dennoch nicht erwerben.

Dafür braucht es den Mut, krumme Wege zu gehen. So wie der musisch begabte Maschinenbauingenieur, der seinen erlernten Beruf rasch zu einseitig fand, sich stattdessen einen Job als fester Freier bei einer Autozeitschrift suchte – und heute Chefredakteur eines Lifestyle-Magazins ist. Wie der Filmausstatter, der sein Elektrotechnikstudium nach einem Semester abbrach, eine Garagenfirma gründete – und längst mit Hollywood fest im Geschäft ist. Oder wie die Betriebswirtin, die im Marketing eines Telekommunikationsriesen anfing, sich nach der Erziehungspause mit dem Vertrieb von EDV-Netzen selbstständig machte – und inzwischen eine gefragte Kommunikationstrainerin ist: Mittlerweile vernetzt sie Menschen statt PCs.

Keiner von den dreien ist im Mainstream mitgeschwommen. Alle haben einen Weg gesucht, für den es keine vorgeschriebene Laufbahn mit formalen Abschlüssen und geschützten Berufsbezeichnungen gibt. Und jeder von ihnen muss ab und zu die fassungslose Frage beantworten, wie man denn ohne einschlägige Ausbildung an so einen Job herankommt. Ihrem Erfolg haben die krummen Wege keinen Abbruch getan: Alle drei haben Karriere gemacht. Und sie stehen heute an einem Platz, an dem sie viele Facetten ihrer Persönlichkeit ausleben und Job und Privatleben gut unter einen Hut bringen können.

Der Mut zur Ecke zahlt sich meistens aus – vielleicht nicht gleich und auch nicht immer in Mark und Pfennig. Auf jeden Fall aber stärkt das Balancieren zwischen verschiedenen Welten Ihr schöpferisches Potenzial und bringt Sie auf Lösungen, auf die andere gar nicht kommen würden. Die Unabhängigkeit, die daraus erwächst, trägt Ihnen Ansehen, Respekt und (heimliche) Bewunderung ein.

Sich interessant machen

Ich habe eine Weile mit mir gerungen, ob ich dieses Kapitel wirklich provozierend mit »Sich interessant machen« überschreiben soll. Oder gefälliger mit »Unverwechselbar sein«. Ich habe mich schließlich für die aufreizendere Lösung entschieden, weil ich einsehe, dass Spannung spannender ist als angepasste Neutralität, die niemanden aufregt – aber eben deshalb auch niemanden zum Nachdenken bringt.

Aufmerksamkeit bekommt man nicht geschenkt. Man muss sie gezielt stimulieren. Auch durch eine fein dosierte Prise Effekthascherei und Exzentrik. Denn: Mit der zurückhaltenden Art und dem dezenten Look, den die meisten von uns bevorzugen, liegen wir zwar nie daneben. Aber wir werden leicht übersehen.

Geschichte(n) schreiben

Geschichten prägen sich ein. Geschichten entzünden die Fantasie. Geschichten schaffen Legenden. Je öfter sie erzählt werden, desto mehr gerinnen sie zum allgemeinen Erfahrungsschatz. Die Anekdote, wie Gerhard Schröder als junger Bundestagsabgeordneter am Zaun des Kanzleramtes rüttelte und rief: »Ich will da rein!« ist so eine Geschichte. Oder die Geschichte des Softwareunternehmers und Pferdenarrs Klaus C. Plönzke, dessen sensibler Umgang mit Menschen ihm den Ruf des Pferdeflüsterers der Softwarebranche eintrug. Und erst recht die Geschichte von Intel-Chairman Andy Grove, der 1956 aus Ungarn in die USA floh, kaum Englisch sprach – und drei Jahre später das Ingenieurstudium am New York City College als Bester seines Jahrgangs abschloss.

Meistens liefern ganz alltägliche Erfahrungen den Stoff für solche Legenden, die mit etwas Glück erzählt und immer wieder erzählt werden. Kürzlich kramte zum Beispiel Angela Merkel als Antwort auf die Frage der *Zeit*-Redakteurin Sabine Rückert »Sind Sie mutig?« die folgende Kindheitserinnerung aus: »Ich habe fünfundvierzig Minuten gebraucht, um vom Dreimeterbrett zu springen, als ich in der Schule dran war. Dann bin ich gesprungen. Aber erst in der letzten Minute – und es hat schon das Klingelzeichen gebraucht. Also: Ich bin, glaube ich, im entscheidenden Moment mutig.« Die Redakteurin erhob diese Erinnerung zum Sinnbild für den Mut der Politikerin, ins kalte Wasser zu springen: »Sie ist beim Klingelzeichen vom Dreimeterbrett gesprungen«, resümiert sie in ihrem Porträt. »Spät, aber als Einzige. Und das gibt ihr Größe.«[58]

Wir alle können wie Gerhard Schröder von Jugendstreichen, wie Klaus C. Plönzke von Hobbys und wie Angela Merkel von Kindheitserinnerungen berichten. Um mit ihrer Hilfe unsere Ziele und Werte zu illustrieren, dürfen wir nur nicht zögern, sie auszugraben und effektvoll zu erzählen.

Marotten kultivieren

Sie ernähren sich am liebsten von Mohrenköpfen und Gummibärchen. Sie verabscheuen Polterabende, Weihnachtsfeiern, Betriebsfeste und alle Einladungen mit über vier Personen. Sie singen herzzerreißend falsch, aber mit Begeisterung. Sie schaffen es einfach nie, pünktlich zu sein. Lassen Sie sich solche kleinen Marotten nicht nehmen. Sie sind ein Ausdruck Ihrer Einzigartigkeit und für Ihr Image allemal besser als gepflegte Langeweile. Wenn Leistung und Beziehung stimmen, machen sympathische Schwächen Sie unwiderstehlich und unvergesslich.

Zeichen setzen

Je mehr wir den Vorstellungen anderer entsprechen, desto vertrauter und sympathischer werden sie uns finden. Anpassung kann deshalb das Fortkommen sehr fördern. Nur: Ein Alleinstellungsmerkmal ist das nicht. Erfahrene Eindrucksmanager pflegen deshalb bewusst Markenzeichen, die sie von anderen unterscheiden: Die Journalistin Gabriele Krone-Schmalz ist – auch – bekannt für ihre Mr.-Spock-Frisur, Ex-Außenminister Genscher für seinen gelben Pullunder, Humphrey Bogart für den unvermeidlichen Trenchcoat, Bundestagspräsident Wolfgang Thierse für seinen mittlerweile zwar gestutzten, aber immer noch charakteristischen Rauschebart, die Designerin Paloma Picasso für ihre tiefrot geschminkten Lippen.

Eine stimmige Idee und Konsequenz genügen, um über kurz oder lang als »der nette Typ, der meistens mit der Vespa kommt«, oder »die Neue in der Finanzbuchhaltung, die immer diese schönen Seidenschals trägt«, bekannt zu sein. Was immer Sie zu Ihrem Markenzeichen erküren: Es darf ruhig ein bisschen ungewöhnlich sein – sofern es einen Lebensstil ausdrückt, der zu Ihnen passt, und nicht die Grundregeln des Umfelds verletzt, in dem Sie sich bewegen. Querdenker und Aufmischer sind nämlich keine sozialen Außenseiter. Sie haben ein klares Gespür dafür, wie weit sie gehen können, und sind ohne weiteres in der Lage, Gruppennormen einzuhalten, wenn es darauf ankommt.

Im Klartext: Selbst wenn Sie wollten, könnten Sie es sich als Produktmanager eines Pharmakonzerns nicht erlauben, konsequent im weißen Anzug aufzutreten. Solche Exzesse bleiben freischaffenden Künstlern wie dem Bestsellerautor Tom Wolfe vorbehalten. Aber die Fliegeruhr im Stil von Charles Lindbergh häufig originalgetreu über dem Ärmel zu tragen – das geht.

11 *Look for success*

Die ganze Zeit im Salon verbrachte sie mit Überlegungen darüber, was sie an ihrem ersten Arbeitstag anziehen sollte. »Ich muss aussehen wie eine Frau, die Bescheid weiß«, erklärte sie Alberto, der von solchen Dingen etwas verstand. »Wie eine Frau, die so selbstbewusst und so wunderbar anzusehen ist, dass jede andere sein möchte wie sie – das heißt wie ich. Sie müssen mich um meine Frisur, mein Make-up, meine Handtasche, meine Schuhe und meine Ausstrahlung beneiden.«
»Aber das Wichtigste ist, dass du so aussiehst, als ob dir das alles völlig egal wäre«, gurrte Alberto mit seinem puertorikanischen Akzent.

Elizabeth Dunkel, Unter dem Moskitonetz

Schönheit ist uns in die Wiege gelegt. Jugend ist vergänglich. Attraktivität und gutes Aussehen sind demokratisch: Gepflegt, stilsicher und trendbewusst können wir alle sein. Niemand wird behaupten wollen, dass über den Hosenbund quellende Rettungsringe, schlecht geschnittene Haare, abgelaufene Schuhsohlen, sonnengegerbte Dekolletés, ausgeleierte Leggings und Kneipp-Sandalen im Büro eine Frage der Gene, des Alters und des Geldbeutels sind. Zumal Outlet-Stores und Zweitmarken, Drogeriemärkte und Fitnessstudios, Stretchmaterialien und körperformende Wäsche es uns leichter machen als je zuvor, uns und unserer Umwelt ein angenehmes Bild zu bieten – trotz der vier Kilo Übergewicht, der sich zügig ausbreitenden Geheimratsecken, der ersten Falten, der zu breiten Hüften oder was wir eben sonst so an uns auszusetzen haben.

Auch wenn es Ihnen vielleicht oberflächlich vorkommt: Zwischen Aussehen und Lebenschancen besteht ein nachweisbarer

Zusammenhang. Wer attraktiv ist, kommt zumindest anfangs schneller auf der Karriereleiter voran, verdient mehr Geld und hat bessere Chancen bei der Partnerwahl. Grund dafür ist der Halo-Effekt, der vorliegt, wenn wir aus einer einzelnen positiven Eigenschaft eines Menschen darauf schließen, dass er auch in anderen Bereichen besser als der Durchschnitt ist.[59] Es lohnt sich also, Interesse, Zeit, Geld und Disziplin in das eigene Aussehen zu investieren.

Gutes Aussehen zahlt sich aus

Niedliche Babys bekommen von ihren Eltern mehr Zuwendung. Hübsche Kinder gelten bei Lehrern und Mitschülern als klüger, netter und erfolgreicher als andere. Und für gut aussehende Frauen sind Männer zu fast allem bereit: Nach einer amerikanischen Studie an 75 Collegestudenten finden attraktive Frauen mühelos einen edlen Ritter, der sie nicht nur beim Umzug unterstützen würde, sondern auch im Kampf gegen Terroristen und Naturgewalten. Lediglich in einem Punkt scheinen auch körperliche Reize nichts zu nützen: Geld wollten die Probanden schönen Frauen genauso ungern leihen wie unscheinbaren.[60]

Im Job gilt nicht einmal diese Einschränkung: Dort zahlt sich gutes Aussehen auch in barer Münze aus. So erreichen zum Beispiel besonders attraktive Kadetten der Militärakademie West Point öfter höhere Offiziersränge als ihre durchschnittlich attraktiven Kameraden. Bei den kanadischen Bundeswahlen von 1974 erhielten gut aussehende Kandidaten zweieinhalbmal mehr Stimmen als unscheinbare Konkurrenten – obwohl 73 Prozent der befragten kanadischen Wähler den Gedanken, das Aussehen der Kandidaten könne ihre Entscheidung beeinflusst haben, weit von sich wiesen.[61] Noch besser haben es Menschen, die neben gutem Aussehen Körpergröße vorweisen können: Mehr als die Hälfte der Vorstandsvorsitzenden amerikanischer Topunternehmen sind 1,82 Meter und größer. Zum Vergleich: Der US-Durchschnittsmann misst gerade mal 1,75 Meter.

Ganz offensichtlich haben gut aussehende Menschen es im Leben leichter. Das liegt daran, dass wir schon von unserem emotionalen Grundprogramm her darauf gepolt sind, auf Attraktivität anzusprechen: »Schönheit«, so Nancy Etcoff, Psychologiedozentin und Autorin des amerikanischen Bestsellers *Survival of the Prettiest*, »lässt sich genauso wenig ignorieren wie das Schreien eines Babys.«[62] Wer an seinem Image interessiert ist, sollte dem Rechnung tragen.

First things first

Gutes Aussehen fängt mit Banalitäten an: einer gesunden Ernährung, einem Mindestmaß an Bewegung, ausreichend Schlaf, gepflegten Zähnen und gesunden Haaren – und dem Verzicht auf Sonnenbank, Junkfood, Rauchen und sinnlose Diäten.

Falls Sie es also nicht ohnehin schon tun: Genießen Sie täglich drei ausgewogene Mahlzeiten mit viel Obst und Gemüse, trinken Sie mindestens zwei Liter Wasser, und verschaffen Sie sich möglichst viel Bewegung. Zweimal in der Woche eine Stunde Kraft-Ausdauer-Training mit Gewichten, lange, schnelle Spaziergänge oder regelmäßiges Schwimmen bringen hartnäckige Problemzonen zwar nicht zum Schmelzen, aber in Form. Auch wichtig: Gehen Sie mindestens einmal im Jahr zum Zahnarzt, um Zahnstein und Verfärbungen entfernen zu lassen.

Ein Wort noch zum Thema Ernährung: Wo Termine drängen, Besprechungen dauern und Airlines Kosten sparen, reduziert sich die Nahrungsaufnahme oft auf Kaffee, Kekse und Schokoriegel. Darunter leiden nicht nur Gesundheit und Konzentration, sondern auch die Ausstrahlung. Statt präsent und fit wirken wir gereizt und ausgelaugt. »Das sind die Symptome des Hungers«, schreibt Burkhard Müller-Ullrich in der *SZ*. »Und das ist auch der Zustand, in dem führende Politiker Entscheidungen von epochaler Tragweite treffen und Manager Millionenbeträge bewegen.«[63]

Das Wartungsprogramm

Nicht einmal Claudia Schiffer kommt darum herum: die Augenbrauen zu zupfen, die Beine zu wachsen, die Achselhöhlen zu rasieren und das Gewicht zu kontrollieren. Und selbst amerikanische Präsidenten müssen die Zeit dafür finden, die Haare zu waschen, Nasen- und Ohrenhaare zu entfernen und nach jeder Mahlzeit die Zähne zu putzen. Dieses Minimalprogramm für den gepflegten Auftritt lässt sich nach oben beliebig erweitern: Von Peelings und Gesichtsmasken über Zahnkronen und Collagenunterspritzungen bis hin zu Nasenkorrektur und Face-Lifting.

Die makellose Pflege, das *Grooming*, wie die Amerikaner es nennen, erstreckt sich aber nicht nur auf den Körper. Auch Kleidung, Schuhe und Accessoires müssen in Schuss gehalten werden. Mit dem Erwerb von Boss-Anzug und Armani-Krawatte, Strenesse-Kostüm und Prada-Schuhen allein ist es ja nicht getan: Unausgelüftet, verfleckt, zerknittert oder abgetreten verlieren sie drei Viertel ihrer Wirkung. Der Preis für gutes Aussehen besteht deshalb auch darin, den Anzug beim Nachhausekommen gegen Freizeitkleidung zu tauschen, das Kostüm nach der stürmischen Begegnung mit dem Westhighland-Terrier der Nachbarskinder auszubürsten und die Schuhe zum Schuster zu bringen, ehe die Sohlen durchgelaufen sind. Wer schön sein will, muss sich Mühe machen – auch in dieser Hinsicht.

Haarspaltereien

Eines der ersten Dinge, die wir an anderen bemerken, ist das Haar. Es lohnt sich deshalb, für einen guten Haarschnitt weder Kosten noch Wege zu scheuen – und lieber in die nächstgrößere Stadt zu fahren, als sich die praktische Dauerwelle vom Haarabschneider gleich um die Ecke verpassen zu lassen. Sparen können Sie an anderer Stelle: Verzichten Sie auf Packungen, Haarkuren und dergleichen – oder darauf, den 14 T-Shirts oder Oberhemden in Ihrem Kleiderschrank ein fünfzehntes hinzuzufügen.

Den richtigen Friseur finden

Es ist ein Glücksfall, auf Anhieb eine Frisörin zu finden, die Ihr Haar, Ihren Stil und Ihre Lebensform richtig einschätzt. Die folgenden Verhaltensweisen sprechen dafür, dass Ihr Frisör sein Handwerk beherrscht. Gute Haarstylisten ...

- ... machen sich in Schulungen und Kursen regelmäßig vertraut mit neuen Schnitttechniken und Frisurentrends. Der Grund: Selbst klassische Schnitte wie Bob und Pagenkopf ändern sich von Jahr zu Jahr.

- ... delegieren Sie nicht gleich an den Azubi zum Haarewaschen, sondern sehen Sie erst einmal an – ohne Umhang und mit trockenen Haaren. Beim ersten Besuch liefern Größe, Kleiderstil, Figur und aktuelle Frisur die Anhaltspunkte dafür, welcher Typ Sie sind und was zu Ihnen passt.

- ... fragen von sich aus danach, wie viel Zeit, Geschick und Geduld Sie für das Haarstyling aufbringen. Mit einer 32-Stunden-Woche im Labor und zwei Kleinkindern zu Hause ist Ihnen kaum mit einer Frisur gedient, die jeden Morgen gewaschen, über die Rundbürste geföhnt und anschließend mit Haarlack gestylt werden muss.

- ... verstärken Ihre Persönlichkeit – und schlagen Ihnen nicht »etwas Frecheres, Witzigeres« vor, wenn Sie in Ihrem schlichten Pulli und den weichfallenden Marlene-Dietrich-Hosen offensichtlich auf zurückhaltende Eleganz setzen.

- ... behalten ihr Wissen nicht für sich, sondern geben Ihnen Styling-Tipps, zum Beispiel wie man Stand in den Pony bekommt oder den modischen Zick-Zack-Scheitel zieht.

Erlaubt ist, was gefällt?

Erlaubt schon, aber nicht immer klug. Imagebewusste erlauben sich das, was ihre Wirkung unterstreicht – auch bei der Frisur. Erst recht, wenn sie berufstätig sind: In den meisten Branchen geht es nun einmal darum, Ernsthaftigkeit, Verlässlichkeit und

Modernität zu signalisieren. Das klappt am besten mit einer klaren, glatten Frisur, die den Blick auf das Gesicht frei lässt und keinesfalls ausgefranst, schrill oder undiszipliniert aussieht.

Männer mit dichtem, gesundem Haar sind nach wie vor mit dem klassischen Herrenschnitt gut beraten: längeres, ungestuftes Deckhaar, Ohren frei und kurzes Nackenhaar. Wissenschaftler, Künstler, Kreative und Sportler entscheiden sich alternativ dazu häufig für eine wirre, krause Mähne, wie sie zum Beispiel der Dirigent Claudio Abbado trägt, oder den mittlerweile zum Klassiker avancierten Herrenzopf à la Karl Lagerfeld. Für Herren mit dünnem, schütterem Haar, kahlen Stellen oder ausgeprägter Glatze gilt die Devise: Noch weniger ist mehr. Ein millimeterkurzer Bürstenhaarschnitt ist für sie optimal. Verzichten sollten Sie auf Stirnfransen, Toupets, offensichtlich gefärbtes Haar und die Herrendauerwelle – unabhängig von Haarqualität und -fülle.[64]

Für **Frauen** gilt im Job: Knoten und im Nacken zusammengehaltene Haare, gemäßigte Kurzhaarfrisuren und Pagenköpfe aller Arten sind immer eine gute Wahl – sie wirken professionell, lenken nicht vom Gesicht ab und überstehen auch lange Reisen und Bürotage ohne die Hilfe von Drei-Wetter-Taft. Weniger geeignet sind ungebändigte lange Locken oder hüftlange Haare im Madonnenlook – schließlich wollen Sie im Job weder romantisch noch dramatisch, sondern sachlich und kompetent erscheinen. Absolut tabu sind Prinz-Eisenherz-Frisuren, auftoupierte Haare, Dauerwellen im Afrolook und Pudelköpfe.

Die Sprache der Mode

»Man setzt eine Sonnenbrille auf – und schon gibt man ein Statement ab«, sagt der Designer Helmut Lang. Mit unserer Art, uns zu kleiden, senden wir subtile Botschaften aus: über unser Selbstverständnis und unser Qualitätsbewusstsein, unsere Stimmung und unsere Ansprüche – aber natürlich auch über Status, Macht und Position. Wer Eindruck machen will, muss deshalb lernen, die Sprache der Kleidung zu verstehen und für sich zu

nutzen. Wobei guter Geschmack sich keinesfalls in Prunk ausdrückt. Viel richtiger liegen Sie im beruflichen Umfeld mit einem
klassischen, puren Stil (fast) jenseits von modischen Eintagsfliegen – frei nach dem Motto des englischen Dandys George
Bryan Brummell: »Elegant ist, was nicht auffällt.«

Die Zusammenstellung einer Grundgarderobe fürs Berufsleben ist eine Investition in Sie selbst und Ihre Karriere, die es
nicht zum Nulltarif gibt. Deutsche Frauen, so die Zeitschrift *bizz*,
geben für erfolgsförderliche Outfits im Schnitt 1800 Mark pro
Jahr aus, Männer 1600 Mark.[65] Im Vergleich dazu empfiehlt die
New Yorker Imageberaterin Emily Cho Karrierewilligen, für Kleidung und Image etwa zehn Prozent des Einkommens zu veran-
schlagen.

Klare Linien, softe Farben:
Modetipps für Frauen

In fast allen Jobs ist ein schmaler Hosenanzug oder ein Kostüm
in Nicht-Farben wie hellgrau, marineblau, beige oder schwarz
eine gute erste Investition. Wenn Sie sich zwei Zweiteiler auf
einmal leisten können, nehmen Sie eine Jacke mit Rock und
einen Blazer mit Hose – möglichst so, dass die Kostümjacke zur
Anzughose passt und der Blazer zum Kostümrock. Als Ergän-
zung dazu kommen in Frage: eng anliegende T-Shirts mit vor-
teilhaftem Halsausschnitt, Hemdblusen oder schlichte Tops,
schmale Pullis mit Roll- oder Stehkragen, Twin-Sets und natürlich
Schals und Tücher aller Art. Einiges davon haben Sie vermutlich
schon im Kleiderschrank. Der Rest ist Kombinationstalent.

Ganz wichtig dabei: Während Sie bei den Zutaten auch mal
sparen können, sollten Sie sich den qualitativ hochwertigsten
Zweiteiler leisten, den Ihr Budget zulässt. Immerhin sind Kostüm
und/oder Anzug der Dreh- und Angelpunkt Ihres modischen
Auftritts. Das eine oder andere Teil daraus werden Sie fast täglich tragen: für die Präsentation oder den Geschäftsabschluss
den blauen Anzug oder das graue Kostüm, aufgefrischt mit

einem Seidenschal. An Tagen ohne besondere Vorkommnisse den grauen Minirock mit einem schwarzen Stehkragenpulli oder die marineblaue Anzughose mit Loafers, Jeans-Hemd und Nicki-Tuch. Zum samstäglichen Stadtbummel den blauen Blazer mit Khakihosen, weißem T-Shirt und Sneakers.

Hochwertige Stoffe, verlässliche Qualität und schnörkellose und dabei lässige Schnitte bieten zum Beispiel Labels wie Strenesse, René Lezard oder Emporio Armani. Auf einen ähnlichen Stil für eine jüngere und noch nicht so zahlungskräftige Zielgruppe setzen Ipuri oder S. Oliver Women. Wenn Sie sich als Auszubildende, Trainee oder Newcomerin im Job noch keine Labels leisten können: Gehen Sie mit dem Bild von Jil Sanders' Frühjahrskollektion im Kopf zu H & M – und holen Sie sich dort, wenn schon nicht die Qualität und Raffinesse, so doch immerhin den Look.

Klassiker, in die es sich zu investieren lohnt

* Das kleine, ärmellose Schwarze, das Sie mit Perlenkette und Pumps in die Oper und mit Ballerinas und einer um die Schultern geschlungenen Strickjacke abends zum Italiener tragen können.

* Ein einreihiger Blazermantel in Anthrazit oder Camel aus Schurwolle oder einem Kaschmir-Woll-Gemisch als vielseitiger und langlebiger Begleiter zu Anzug, Kostüm und langen Röcken.

* Eine Barbour-Jacke, die längst Kultstatus hat und auf dem Weg ins Büro genauso gut aussieht wie beim Wanderurlaub.

* Für die Sommermonate schlichte Leinenblusen, -röcke und -hemdjacken in Weiß und Naturtönen, die nie aus der Mode kommen. Darin überstehen Sie die Hundstage im Juni »angezogener« als mit luftigen Tops, am Körper klebenden Miniröcken und nackten Beinen.

* Stricksachen aus Merinowolle, Baumwolle, Schurwolle oder Kaschmir: schlichte, unifarbige Pullis, Cardigans, Twinsets oder Strickensembles sind eine gute Wahl in Branchen, in denen Sie nicht täglich die Power-Frau zu geben brauchen.

174

Hier können Sie auf Schnäppchen achten

- **Freizeitkleidung:** Bei amerikanischen Ketten wie The Gap und Lands' End bekommen Sie lässige Freizeitkleidung wie Jeans, Khakihosen, T-Shirts, Baumwollhemden und Tennisschuhe günstig, authentisch und in guter Qualität.

- **Modische Eintagsfliegen:** Das luftige Sommerkleid, die limonengrüne Nylonjacke, das mit Goldfäden durchwirkte Top im Ethno-Look oder die Sandalen mit Plateausohlen, die Ihre Klassiker aufmuntern, aber die nächste Saison nicht unbedingt zu überstehen brauchen.

Gut betucht: Modetipps für Männer

Für Banker, Broker, Juristen und Unternehmensberater ist er selbstverständlich: der Business-Dress aus Jacke und Hose, Hemd und Krawatte, am liebsten elegant in dunklen Farben und allenfalls dezent gemustert. Den Machern in Nadelstreifen ist klar: Über die Kleidung lassen sich unterschwellig Autorität, Wohlstand und Seriosität vermitteln. Nichts könnte besser geeignet sein, das Selbstbewusstsein zu stärken, als die eingespielte Managerkluft aus dunklem Anzug und hellem Hemd mit ihren starken Kontrasten und ihrer strengen Formalität.

Anzug und Krawatte

Selbst wenn Sie als Chemiker, Elektroingenieur oder Uni-Assistent einen der größten Vorzüge Ihres Jobs darin sehen, keiner Kleiderordnung unterworfen zu sein: Der Tag wird kommen, an dem Sie Ihre Firma bei einer Messe vertreten, einen Kunden empfangen oder einen Vortrag vor einem internationalen Publikum halten müssen. Für solche Anlässe muss es nicht gleich der Dreiteiler sein. Aber einen bequem geschnittenen grauen Einreiher oder, wenn Sie es modischer mögen, einen figurbetonten schwarzen Anzug sollten Sie schon besitzen. Wobei für Herren genau wie für Damen gilt: Repräsentative Kleidung hat ihren

Preis. Hochwertige Business-Hemden kosten ab achtzig Mark, Anzüge von Boss, René Lézard oder Joop um die 800 Mark. Was gut ist, ist leider meistens teuer: Das gilt für Anzüge und Krawatten genauso wie für Speichererweiterungen und internetfähige Handys.

Als zweite größere Anschaffung empfiehlt sich eine Kombination aus einreihigem blauem Blazer (mit blauen Knöpfen) und Flanellhose. Der blaue Einreiher ist ein Basisstück einer klassischen, internationalen Garderobe. Je nach Anlass und Dresscode können Sie ihn förmlich mit grauer Flanellhose, weißem Hemd mit klassischem Kragen und gestreifter Krawatte tragen oder lässig mit Chinos, Polohemd und braunen Schuhen.

Lässig, aber nicht nachlässig

Auch wenn es auf den ersten Blick nicht so wirkt: Nichts erfordert mehr Fingerspitzengefühl, als sich in einer Branche karriereförderlich zu kleiden, in der es keine Kleiderordnung zu geben scheint. Wo im Büroalltag alle in Jeans und karierten Hemden oder verwaschenen Sweatshirts vor dem PC sitzen und nur für Notfälle einen Kleidersack mit Anzug und Krawatte bereithalten, würde womöglich schon ein grobes Tweedjacket falsche Signale setzen. So können Sie sich vorteilhaft präsentieren, ohne aus dem Rahmen zu fallen:

Schauen Sie nach oben. Orientieren Sie sich kleidungsmäßig an den Kollegen, die schon eine oder zwei Karrierestufen mehr erklommen haben als Sie und allgemein als Senkrechtstarter oder High-Potentials anerkannt sind.

Wählen Sie statt Bluejeans und T-Shirt klassische Freizeit-Kleidung: Chinos und Oxfordhemd. Cargohose und Polohemd. Schwarze Jeans zum dicken dunklen Rollkragenpullover. Flanellhosen, gestreiftes Button-Down-Hemd kombiniert mit einem schlichten Pulli mit V-Ausschnitt.

Dieser Look entspricht dem Freizeitoutfit, das die Amerikaner seit Jahrzehnten an den Universitäten an der Ostküste und seit einiger Zeit auch am *Casual Friday* im Job tragen – dem Tag vor dem Wochenende, an dem in vielen US- Unternehmen die strengen Kleidervorschriften gelockert sind. Die Zutaten dafür bekommen Sie zum Beispiel bei Polo Ralph Lauren, Marco Polo oder Lands' End.

Pflegen Sie sich. Je lässiger das Outfit, desto wichtiger ist es, dass Sie wie aus dem Ei gepellt aussehen. Ein guter Haarschnitt, eine reine, glatt rasierte Haut, ein schlichter Ledergürtel, der farblich zu den Schuhen passt, und tadellos gepflegte, hochwertige Loafers oder Bootsschuhe helfen dabei.

Stilistische Do's and Don't's

Jeans und Jackett: In den Achtzigerjahren war der Stilmix aus Jeans und Jackett zwar der letzte Schrei. Inzwischen wirkt die Kombination nicht mehr weltläufig und lässig, sondern wie das Überbleibsel aus dem vorigen Jahrhundert, das sie mittlerweile ja auch ist. Zumal die, die sich am wohlsten darin zu fühlen scheinen, inzwischen meist die Vierzig überschritten haben und längst besser in Bundfaltenhosen passen als in Jeans. Die klassische und bequemere Alternative: die Tweedjacke mit Flanellhose oder der marineblaue Blazer mit Khakis.

Krawatte. An der Krawatte werden die größten Verbrechen begangen: Mal hängt sie auf Halbmast, mal endet sie kurz angebunden schon auf der Bauchmitte, mal ist der Knoten festgezurrt, als müsste er ein Postpaket zusammenhalten, und mal sollen lustige Comicfiguren dem Träger Jugendlichkeit und Humor attestieren.

So ist es richtig: Ziehen Sie den Knoten so an, dass er den obersten Hemdknopf bedeckt, ohne Ihnen den Hals abzuschnüren, und denken Sie daran, den Hemdkragen zu schließen. Die Länge der Krawatte stimmt, wenn die Spitze den Knopf des Hosenbunds genau überdeckt. Und bei aller Liebe: Die Dalmatiner-Krawatte, die Ihre Freundin Ihnen zum Geburtstag geschenkt hat, können Sie vielleicht zur Hauseinweihungsparty tragen, aber nicht zum Geschäftsessen mit Ihrem wichtigsten Kunden. Zum Business-Anzug gehört auch eine Business-Krawatte – und die ist üblicherweise gestreift oder dezent gemustert.

Hosen. »Zu lange Hosen«, moniert Werner Baldessarini, Vorstandsvorsitzender der Hugo Boss AG, »sind eine typische Managerkrankheit.« Das Problem: Viele Schneider stecken Hosen so ab, dass der Saum den Absatz berührt. Bei schmalen Hosenbeinen führt das unweigerlich dazu, dass die Hose vorne am Schuh aufsteht und Falten schlägt. So ist es richtig: Die Fußweite der Hose ist im Idealfall so bemessen, dass die Hose das vordere Drittel des Schuhs unbedeckt lässt.

Jacketts. Sie finden Anzüge unbequem? Einengend? Steif? Vielleicht liegt es daran, dass Ihre Jacketts tatsächlich wie eine Zwangsjacke gebaut sind. Damit brauchen Sie sich heute nicht mehr abzufinden: Seit Armani das »giacca destrutturata« erfunden hat, haben Anzüge eine Bequemlichkeitsrevolution erlebt. Moderne Schnittformen und leichte, weiche Hochleistungsmaterialien sorgen dafür, dass ein guter Anzug locker und leger fällt und wie ein Pulli jede Bewegung mitmacht.

Darauf sollten Sie beim Kauf achten: Bei einem lässig sitzenden Jackett sind die Schultern wenig bis gar nicht gepolstert und eher fallend gebaut. Der Stoff an der Nackenpartie liegt glatt, ohne sich zu kräuseln oder Falten zu werfen. Die Manschette des Hemdenärmels lugt ein bis zwei Zentimeter aus dem Anzugärmel hervor. Außerdem wichtig: Das Jackett fällt weich und lang über die Hüften. Ob die Länge stimmt, können Sie mit einem einfachen Test überprüfen: Wenn Sie die Arme locker an den Seiten herunterhängen lassen, streifen Sie mit den Fingern die Unterkante des Sakkos.

Gut beschuht

Hochwertiges und tadellos gepflegtes Schuhwerk ist der Grundstock der Business-Garderobe. Ihr Outfit kann noch so überlegt gewählt sein – begleitet von Billigtretern, Gesundheitsschuhen,

Kreppsohlen, abgestoßenen Schuhspitzen und schiefgelaufenen Ledersohlen wird es einen Großteil seiner Wirkung verlieren. Dagegen verleihen uns gute Schuhe selbst in Jeans und T-Shirt noch einen Hauch von Klasse. Bernhard Roetzel, Experte für klassische Herrenmode, empfiehlt deshalb, den Schuhkauf an oberste Stelle zu setzen und dafür einen überproportional hohen Anteil des Kleidungsbudgets vorzusehen.

Grundausstattung für Herren

Auch wenn gute Schuhe Ihren Preis haben – die folgende Grundausstattung sollten Sie besitzen:

Ein Paar schwarze Oxfords. Der glatte, schlichte Oxford ist der ideale Schnürschuh für den dunklen Büroanzug und festliche Kleidung. Wenn Sie es eine Spur weniger förmlich mögen, können Sie alternativ auch einen schwarzen Brogue mit Lochmuster tragen.

Ein Paar braune Brogues. Der Brogue ist ein Schuh mit gestanzten Zierlöchern und geht auf das traditionelle Schuhwerk der Schotten zurück. Auf Grund dieses Ursprungs wirkt er ländlicher als der urbane Oxford. In Braun passt er zu sportlichen Outfits wie Khakis, Sportjackett und Jeans, aber auch zu Blazer und Flanellhose.

Ein Paar Loafer. Der Loafer ist ein Halbschuh ohne Schnürung und kann als Freizeitschuh oder als sportlicher Schuh zum Anzug getragen werden.

Ein Paar Bootsschuhe. Bootsschuhe sind Mokassins mit Lederschnürsenkel und rutschfester Kunststoffsohle und bei entsprechender Verarbeitung als Freizeitschuh fast das ganze Jahr über geeignet. Im Sommer tragen Sie ihn am besten ohne Strümpfe.

Selbst wenn Sie rahmengenähte Schuhe aus der Londoner St. James's Street tragen: Erst mit den richtigen Strümpfen sind Ihre Beine perfekt bekleidet. Die wichtigste Regel dabei: Der

Gentleman zeigt kein nacktes Bein über kurzen Socken – unter keinen Umständen und in keiner Sitzposition. Tragen Sie deshalb lieber Kniestrümpfe als Socken.

Die Auswahl der passenden Strümpfe ist eine Wissenschaft für sich und hängt ab von der Farbe Ihrer Schuhe und Hosen, aber auch von der der Jacke, des Hemds oder der Krawatte. Sie können die Sache vereinfachen, indem Sie einfarbige Strümpfe wählen, die vom Material her zur übrigen Kleidung passen. Und: Wie bei Krawatten sollten Sie auch bei Strümpfen auf lustige Muster und auffällige Logos verzichten.

Grundausstattung für Damen

Auch wenn Frauen meistens sehr viel mehr Schuhe besitzen als Männer, gibt es doch einige Basismodelle, die das Leben erleichtern:

Schwarze Pumps mit mittelhohem Absatz passen zu fast allem – auf Reisen tagsüber zum knielangen Bleistiftrock und abends zum kleinen Schwarzen.

Ein Paar Loafer oder klassische Schnürschuhe in neutralen Farben, mit denen Sie gut zu Fuß sind. Je nach Ausführung passen sie zum Anzug, zu Jeans, zu kurzen Röcken und zu schmalen langen Röcken.

Ein Paar Schuhe, die wirklich voll im Trend liegen und klassischen Basics einen modischen Touch verleihen.

Für den Sommer brauchen Sie Ballerinas, Canvas-Turnschuhe und klassische Sandalen. Auf verspielte Riemchensandalen, hohe Absätze und Plateausohlen sollten Sie im Job verzichten.

Kleine Ursache, große Wirkung

Sie sind die Requisten des Image-Designs: die Accessoires, die uns täglich begleiten, auf Reisen ein Stück Heimat sind und unserem Gegenüber oft deutlicher als viele Worte sagen, wer wir sind. Ein Gesprächspartner, der genussvoll seine Pfeife stopft und die Zeit mit der geerbten Taschenuhr seines Großvaters misst, vermittelt ein völlig anderes Bild von sich als sein Kollege, der eine Porsche-Uhr am Handgelenk trägt, mit iBook und Handy hantiert und seine Brille meistens durch Kontaktlinsen ersetzt.

Um Akzente zu setzen, brauchen Sie nicht unbedingt in den neuesten Prada-Rucksack oder das diesjährige Sonnenbrillenmodell von Calvin Klein zu investieren. Im Gegenteil: Die schönsten Requisten sind ganz persönliche Lieblingsstücke, die Erinnerungen wachrufen und gemeinsam mit uns älter werden. Für mich gehören dazu zum Beispiel der schildpattfarbene Füllfederhalter, den mein Mann mir zum Abschluss des Studiums geschenkt hat, und ein kleiner, inzwischen abgegriffener Filofax, den ich von einer Londonreise mitgebracht habe.

Darüber hinaus bieten Accessoires eine hervorragende Möglichkeit, auch mal in die Vollen zu gehen oder aus dem Rahmen zu fallen: Der Anzug, den Sie beim Vorstellungsgespräch tragen, mag zwar noch nicht aus feinstem Tuch geschneidert sein. Dafür verrät aber Ihre schlichte schwarze College-Mappe, dass nur die magere Ausbildungsvergütung Sie vorerst davon abhält, Ihr Stilgefühl auszuleben. Und selbst wenn Ihr Job als Key-Account-Managerin Ihnen wenig Freiraum für modische Spielereien lässt – die eigentlich viel zu klobige Taucheruhr, die Sie Ihrem Freund abgeschwatzt haben, verweist auf ein Leben jenseits des Jobs und setzt einen Kontrapunkt zum eleganten Kostüm.

Umgekehrt gilt natürlich das Gleiche: Hässliche Alltagsgegenstände entwerten selbst die Wirkung teurer Statussymbole. Es wirkt einfach billig, wenn der Notar uns zur Unterschrift des Kaufvertrags für das neue Haus einen Plastikkugelschreiber vom Weltspartag in die Hand drückt – erst recht, wenn die Kanzlei mit ihren holzgetäfelten Wänden, tiefen Teppichen und lederbezogenen Sesseln Gediegenheit und Wohlstand atmet.

12 *Wahren Sie die Formen*

»Hallo«, sagte Esther. »Ich bin Esther Zepler, und das ist mein Mann Sean Ward.«

Man schüttelte sich allseits die Hand. »Ist Laraine nicht tüchtig?« sagte Eleanor Black. »Sie ist so kreativ. Wie viele Leute könnten schon so einen Abend kreieren? Sie ist so talentiert. Man muss ein echter Künstler sein, um so ein Essen zu geben.«

»Ich glaube nicht, dass es viele echte Künstler gibt, die sich ein solches Essen leisten könnten«, sagte Esther. Sie lachte, um ihre Verlegenheit zu überspielen. Warum war sie so aggressiv? Warum hatte sie das gesagt? Es war ihr gelungen, in einem Satz Laraine Reisers Kreativität zu schmähen und die Kosten des Abends zu erwähnen.

Lily Brett, Einfach so

Gute Manieren sind Verhaltensnormen, die den gesellschaftlichen Verkehr regeln. Denen, die sie pflegen und beherrschen, verleihen sie ein selbstverständliches Selbstbewusstsein. Für ein gutes Image sind sie ebenso unverzichtbar wie für ein sicheres, gewandtes Auftreten und beruflichen und privaten Erfolg. Immer mehr Menschen interessieren sich deshalb wieder dafür, nach welchen Regeln man Fremde einander vorstellt, wie man Artischocken isst oder wie man die Servicekräfte im Restaurant anspricht. Eine Fülle von einschlägigen Büchern gibt darüber Auskunft.

So sehr solche Benimmvorschriften das Leben erleichtern, so sehr verstellen sie uns manchmal den Blick dafür, dass Parkettsicherheit sich nicht in Äußerlichkeiten erschöpft. Es nützt nämlich wenig, zur Lammkeule stilsicher einen schönen Rotwein zu wählen, wenn man gleichzeitig pikiert auf die Bitte des Diabetikers um ein Glas Chablis reagiert. Einen Blumenstrauß vorschriftsmäßig vom Papier befreit überreicht, dabei aber um ein paar ungezwungene Begrüßungsworte verlegen ist. Der Geschäftspartnerin formvollendet in den Mantel hilft, ohne zu merken, wie sie freundlich lächelnd abwehrt: »Das kann ich schon selbst.«

Die Beispiele zeigen: Unsere Gesellschaft und unsere Lebensformen sind so vielfältig geworden, dass es unmöglich Benimmregeln für alle Situationen des beruflichen und privaten Alltags geben kann. Mehr als alles andere erfordern die neuen, modernen Verhaltensformen deshalb Kommunikationsgeschick, Rücksichtnahme, Toleranz und Fingerspitzengefühl. Die frühere Protokollchefin im Weißen Haus, Letitia Baldrige, hat dafür eine eingängige Formel gefunden: »Gute Manieren sind zwei Drittel Logik und gesunder Menschenverstand und ein Drittel Freundlichkeit.«[66]

Wiedersehen mit Knigge

Wer Adolph Freiherr von Knigges (1752–1796) Buch *Über den Umgang mit Menschen* liest, wird dort weder erfahren, wo der Ehrengast an der Festtafel platziert wird, noch wie man die Oberstadtdirektorin korrekt anspricht – dafür aber umso mehr über »die Kunst, sich bemerkbar, geltend, geachtet zu machen, ohne beneidet zu werden; sich nach den Temperamenten, Einsichten und Neigungen der Menschen zu richten, ohne falsch zu sein; sich ungezwungen in den Ton jeder Gesellschaft stimmen zu können, ohne weder Eigentümlichkeit des Charakters zu verlieren, noch sich zu niedriger Schmeichelei herabzulassen.«[67]

Knigge ging es also weniger um gute Manieren als um Charakterbildung oder – moderner ausgedrückt – um Persönlichkeitsentwicklung. Davon handelt dieser Abschnitt.

Machen Sie gutes Benehmen zu Ihrer zweiten Natur – auch dann, wenn Sie keiner sieht. Gute Manieren sind Gewohnheitssache: Wer sich auch zu Hause den Mund mit der Serviette abtupft, ehe er zum Glas greift, und den Charterflug in den Urlaub genauso wenig im Jogginganzug absolviert wie die Geschäftsreise im ICE, wird auch im Job keine Mühe haben, den Anstandsregeln Genüge zu tun. Ist kultiviertes Benehmen erst einmal zur zweiten Natur geworden, erfordert es keine Konzentration mehr, sondern stellt sich von ganz alleine ein.

Erwarten Sie niemals von anderen, Regeln einzuhalten, die Sie selbst nicht einhalten. Wer den Ton angibt – Chefs auf allen Ebenen, aber auch der Busfahrer im Schulbus oder die Dozentin in der Yoga-Gruppe – hat eine Vorbildfunktion: Menschen neigen nämlich dazu, Führungspersonen nachzuahmen. Werte vorzuleben statt vorzuschreiben ist deshalb die wirksamste und glaubwürdigste Form, andere zu beeinflussen und selbst an Autorität zu gewinnen.

Sprechen Sie positiv und in positiven Worten über sich und andere. Dazu gehört es zum Beispiel, nicht zu klatschen. Kritik konstruktiv und unter vier Augen zu äußern. Nicht zu klagen. Zu den eigenen Leistungen zu stehen: »Ich bin froh, dass Ihnen mein Tipp weitergeholfen hat.« – »Ich würde gerne mit Ihnen über den Kunden sprechen, den ich für uns gewinnen konnte.« Und die Leistungen anderer anzuerkennen: »Danke, dass Sie die Probleme mit der neuen Software angesprochen haben. Ich finde es gut, dass die Geschäftsleitung jetzt Bescheid weiß.«

Übernehmen Sie Verantwortung für Fehler, die Ihrem Team unterlaufen sind – auch dann, wenn Sie nicht persönlich daran schuld sind.[68] Erstens ist Qualitätssicherung immer Chefsache. Und zweitens stehen Sie als Team-, Schicht-, Abteilungs- oder gar Unternehmensleiter für ein größeres Ganzes. Fehler des Teams sind deshalb immer auch Fehler des Vorgesetzten. Es zeugt von wenig Klasse, die Lieferverzögerung der Auszubildenden in die Schuhe zu schieben oder den Referenten wegen des unprofessionell zusammengeschusterten Beitrags zur Jubiläumsfestschrift zu entlassen – statt selbst für das Versäumnis gerade zu stehen.

Gehen Sie achtsam mit Sachen um. Wie wir mit eigenem und fremdem Eigentum umgehen, sagt viel über uns aus. Wer auf dem Firmenparkplatz die Autotür ohne Rücksicht auf den daneben geparkten Wagen aufstößt, in der Buchhandlung ein Buch nach dem anderen kurz durchblättert und achtlos auf den Stapel zurückwirft oder ungeniert die Kaffeetasse auf der ausgeliehenen Zeitschrift abstellt, wirkt nicht lässig, sondern achtlos, mürrisch und unfreundlich.

Widmen Sie Menschen, mit denen Sie zu tun haben, Ihre uneingeschränkte Aufmerksamkeit. Aufrichtig interessierte Zuhörer ermuntern ihr Gegenüber zum Weiterreden, spüren den Gefühlen hinter den Worten nach und gehen wertungsfrei auf den Gesprächspartner ein. Das heißt nicht, dass ein Gespräch besonders lange dauern muss: Was zählt, ist nicht Quantität, sondern Qualität. Das gilt übrigens auch am Telefon. Ihr Gesprächspartner kann zwar nicht sehen, wie Sie nebenbei den Text am Bildschirm korrigieren, Männchen kritzeln oder Unterlagen einsortieren. Aber er spürt, dass Sie nur mit halbem Ohr hinhören, und reagiert irritiert oder verunsichert.

Wer gut arbeitet, soll auch gut essen

Geschäftsessen sind ein wichtiger Teil der Beziehungskultur. Beim Essen in einem angenehmen Ambiente nimmt man sich Zeit füreinander, entdeckt Gemeinsamkeiten, erlebt Geschäftspartner und Bewerber auch einmal von einer anderen Seite – und sollte sich wirklich kein gemeinsames Thema jenseits des Jobs finden, kann man immer noch über die ungewöhnliche Marzipanfüllung in der Barbarieente reden. Damit der Business Lunch gelingt, sollten Gast und Gastgeber ein paar Regeln beachten:

Auswahl des Restaurants. Die Wahl des Restaurants gibt diskrete Hinweise auf die Wertschätzung des Gastes – und ist für den Gastgeber die Bühne, auf der er sich präsentiert. Am besten wählen Sie als Gastgeber deshalb ein Restaurant, das Sie kennen und in dem Sie gern gesehen sind. Dieser Heimvorteil schützt Sie nicht nur vor unliebsamen Überraschungen. Es hebt auch Ihr Ansehen in den Augen des Gastes, wenn Sie freundlich empfangen und mit besonderer Aufmerksamkeit behandelt werden.

Bestellung. Bei der Bestellung ist es Aufgabe des Gastgebers, dem Gast Anhaltspunkte für die Speisenauswahl zu geben: »Ich denke, ich nehme das kleine Menü.« Oder: »Bressehühner sind eine Spezialität des Hauses. Der Küchenchef hat ausgezeichnete Beziehungen nach Frankreich.« Erstens überbrücken Sie damit das peinliche Schweigen, das entsteht, wenn sich alle am Tisch angelegentlich der Speisekarte widmen. Und zweitens liefern solche Bemerkungen dem Gast einen Anhaltspunkt, wie viele Gänge in welcher Preisklasse er guten Gewissens bestellen kann. Machen Sie außerdem auch einen Vorschlag für den Wein – auch dann, wenn Sie sich selbst mittags grundsätzlich auf Mineralwasser beschränken.

Für den Gast gilt: Wählen Sie Gerichte aus, die Sie problemlos und ohne Pannen essen können. Nehmen Sie lieber Steak statt Garnelen, Risotto statt Spaghetti, Lachsfilet statt Forelle blau. Und: Zögern Sie nicht lange mit der Auswahl. Niemand wird Ihnen abnehmen, geschäftliche Entscheidungen entschlossen treffen zu können, wenn Sie schon angesichts der 348 Wahlmöglichkeiten im China-Restaurant den Überblick verlieren.

Bei Tisch. Man kann nur arbeiten oder essen. Konzepte, Verträge und Umsatzkurven, mögen sie noch so erfreulich sein, haben deshalb am Esstisch nichts zu suchen. Auch die Gespräche sollten sich zunächst nicht ums Geschäft drehen: Bei einem abendlichen Essen wartet ein höflicher Gastgeber oder Chef mindestens bis nach dem Hauptgericht, manchmal sogar bis nach dem Kaffee, bis er zu Business-Themen überleitet. Beim Mittagessen mit Geschäftspartnern oder Kunden bleibt meistens weniger Zeit für Smalltalk und freundliches Geplauder. Nachdem alle bestellt haben, darf der Gastgeber das Signal für den Beginn des geschäftlichen Teils geben: »Lassen Sie uns, bis das Essen kommt, noch einmal die wichtigsten Vertragspunkte durchsprechen.«

Handybesitzer sind immer die anderen

Als Statussymbol haben Handys längst ausgedient. Als Landplage bleiben sie uns erhalten. Um kein Missverständnis aufkommen zu lassen: Ich möchte das Handy weder beruflich noch privat mehr missen. Nur: Auf Zugfahrten würde ich lieber meinen Gedanken nachhängen als dem Schlagabtausch meines Abteilgenossen mit einem unsichtbaren Gesprächspartner zuhören zu müssen. Auf der Autobahn erschreckt es mich, wenn der Drängler hinter mir nicht nur den Fuß auf dem Gaspedal, sondern auch das Handy am Ohr hat. Und im 3. Akt von *La Bohème* empfinde ich, ehrlich gesagt, nicht einen Funken von Mitleid mit dem Handy-Besitzer im Parkett, der in höchster Verlegenheit versucht, sein Gerät zum Verstummen zu bringen. Nicht die Handys sind das Problem, sondern ihre Besitzer. Dabei sind die Regeln für's mobile Telefonieren so einfach:

Handy auf Mailbox schalten. Wo Menschen Kunst erleben möchten, sich konzentrieren wollen oder gar trauern, muss Ihr Interesse, immer und überall erreichbar zu sein, zurücktreten. Ganz gleich, wie wichtig der Anruf sein mag, den Sie erwarten – beim Begräbnis, beim Krankenbesuch, im Konzert und als Bewerber beim Vorstellungsgespräch schalten Sie das Handy auf Mailbox.[69]

Andere beim Telefonieren nicht stören. Auch in Bibliotheken, im Wartezimmer des Arztes, im Zug oder bei der Kunstausstellung ist das Klingeln des Handys eine Zumutung – und erst recht der beifallheischende Kommentar des Angerufenen: »Hat man denn nirgends mehr seine Ruhe?« Wenn Sie trotzdem erreichbar sein müssen, stellen Sie das Handy auf ein optisches Signal und verlassen den Raum, ehe Sie das Gespräch annehmen.

In dringenden Fällen: Bei Besprechungen und Restaurantbesuchen ist das Handy zwar nicht völlig tabu. Trotzdem bleibt es besser ausgeschaltet. Falls Sie auf einen dringenden Anruf warten, warnen Sie Ihre Gesprächspartner vor. Wenn der Anruf kommt, entschuldigen Sie sich und beantworten das Telefonat draußen. So können die anderen sich wenigstens ungestört weiter auf die Planungskonferenz oder den Seeteufel konzentrieren.

Anwesende haben Priorität: Es gibt Leute, die selbst beim Gespräch mit der Klassenleiterin ihres Sohnes nichts dabei finden, sich ausführlich mit einem Anrufer auszutauschen – ohne Rücksicht auf die Zeit der Lehrerin und andere wartende Eltern. Und ich kenne Besucher, die erst die Empfangsbereitschaft ihres Handys prüfen, ehe sie Zeit finden, guten Tag zu sagen. Eigentlich gibt es dafür keine Entschuldigung – es sei denn, Ihre Partnerin stünde gerade kurz vor der Entbindung.

Namen sind weder Schall noch Rauch

Nomen est omen – der Name kennzeichnet uns. Auch wenn uns unser Name in die Wiege gelegt wurde – es macht schon einen Unterschied, ob Michael Müllerschmidt von seinem Gegenüber als Michi, M. M. Müllerschmidt, Mike oder Prof. Dr.-Ing. Michael Müllerschmidt wahrgenommen wird. Der Umgang mit Namen und Titeln erfordert deshalb Fingerspitzengefühl.

Sich selbst vorstellen. Für die Selbstvorstellung sind eine Reihe von Formeln möglich. Michael Müllerschmidt zum Beispiel kann wählen zwischen einem knappen »Müllerschmidt« und den ausführlicheren Varianten »Mein Name ist Müllerschmidt«, »Ich bin Michael Müllerschmidt« oder »Ich heiße Michael Müllerschmidt« – wobei der Trend dahin geht, sich mit Vor- und Familiennamen vorzustellen. Die Vorstellung »Ich bin der Michael«

umschließt auch die Aufforderung zum Duzen. Für Menschen über dreißig eignet sie sich deshalb allenfalls für die Selbstvorstellung im Tennis- oder Volleyballverein. Allerdings müssen Sie auch dort damit rechnen, dass nicht jeder gerne gleich zum Du übergeht – nur weil man zufällig den gleichen Sport betreibt.

Falsch wäre es, bei der Selbstvorstellung das Wort »Herr« oder »Frau« zu gebrauchen oder den Titel mitzunennen. Führen Sie sich also nicht mit den Worten ein: »Ich bin Frau Bayer« oder »Ich heiße Prof. Müllerschmidt«. Übrigens: Einleitende Floskeln wie »Gestatten Sie, dass ich mich vorstelle« sind aus der Mode geraten. Auch die Vorstellung à la James Bond ist nicht mehr taufrisch: »Mein Name ist Müllerschmidt, Michael Müllerschmidt.«

Dritte einander vorstellen. Natürlich kennen parkettsichere Menschen die formgerechte Reihenfolge der Vorstellung. Geschickte Kommunikatoren sorgen darüber hinaus dafür, dass Fremde schnell ein gemeinsames Thema finden: »Herr Jonas, das ist Professor Michael Müllerschmidt von der Fachhochschule Lippe. Mike, das ist Thomas Jonas aus Bielefeld, ein guter Freund meiner Eltern. Er ist übrigens ein Irland-Fan wie du.«

Grundsätzlich gilt: Bei offiziellen Anlässen und im Berufsleben werden akademische Titel und Adelsprädikate beim Bekanntmachen mitgenannt. Beim Raclette-Abend in lockerer Runde kann es gesprächsförderlicher sein, darauf zu verzichten: »Elisabeth, das ist mein Cousin Michael Müllerschmidt. Er lehrt Baustatik in Lippe. Mike, das ist meine Kollegin Elisabeth Hagen. Sie ist bei uns in der Firma für das Immobiliencontrolling zuständig.«

Wenn Sie nach der Hochzeit Ihren Geburtsnamen behalten haben, sollten Sie Ihre Umwelt darüber aufklären. Michael Müllerschmidt würde deshalb seine Frau im Kollegenkreis so vorstellen: »Das ist meine Frau, Ute Frank.« Trotzdem kann es vorkommen, dass Ute Frank Monate später von einem vergesslichen Kollegen ihres Mannes mit »Guten Tag, Frau Müllerschmidt« begrüßt wird. Dann wäre es ungezogen, erbost zu korrigieren: »Ich heiße nicht Müllerschmidt, ich heiße Frank.« Falls Sie mit dem Betreffenden öfter zu tun haben, können Sie sagen: »Übrigens: Ich habe nach der Hochzeit meinen Namen behalten. Ich heiße Ute Frank.«

Wenn Sie bei der Vorstellung den Namen Ihres Gesprächspartners nicht verstanden haben, scheuen Sie sich nicht nachzufragen: »Es tut mir Leid. Ich habe Ihren Namen nicht richtig verstanden.« Ferdinand Spevacek und Margarete Pierschkalla werden für Ihre Frage volles Verständnis haben – auch dann, wenn Sie ein zweites Mal nachfragen oder um eine Visitenkarte bitten.

Vergessen ist menschlich. Es kommt trotz der besten Absichten vor: Der Name der netten Physiotherapeutin, mit der wir im vergangenen Jahr beim Rot-Kreuz-Ball so interessante Gespräche geführt haben, ist einfach weg. Wenn Sie es geschickt anstellen, fällt Ihre Erinnerungslücke vielleicht gar nicht auf: »Wir waren letzten Herbst beim Rot-Kreuz-Ball im Arabella Tischnachbarn. Ich bin Agnes Mühleisen.«

Noch besser und ganz und gar kein Fauxpas: Sie treten die Flucht nach vorne an: »Wir haben uns letztes Jahr beim Rot-Kreuz-Ball so gut miteinander unterhalten – sagen Sie mir nochmal, wie Sie heißen?« Vermeiden Sie dabei aber selbstherabsetzende Bemerkungen: »Jetzt habe ich doch glatt Ihren Namen vergessen – es rieselt halt doch schon der Kalk.«

Rauchen gefährdet das Klima

Der Qualm einer Zigarette genügt – und Nichtrauchern sind der Appetit an dem duftenden Zander im Gemüsebett, der Flug nach Toronto und das Wohlfühlgefühl in den eigenen vier Wänden verdorben. Tränende Augen, verschmiertes Augen-Make-up, Kopfschmerzen, nach Qualm riechende Haare und die Angst um die eigene Gesundheit tun das Übrige, um Nichtrauchern die Gesellschaft von Rauchern gründlich zu verleiden.

Glücklicherweise wurden die Rechte von uns Nichtrauchern in Nordeuropa und den USA in den letzten zehn Jahren enorm gestärkt. Zu einer neuen Toleranz gegenüber Rauchern hat der stark verbesserte Nichtraucherschutz, das merke ich an mir selbst, leider nicht geführt. Das Thema Rauchen polarisiert wie eh und je. Gesetze allein können das Problem nicht lösen, solange Raucher sich nicht zu mehr Rücksichtnahme und Nichtraucher zu mehr Toleranz aufraffen können.

Raucher-Knigge

Beachten Sie rauchfreie Zonen. Rauchen ist tabu in den gekennzeichneten Abteilen und Bereichen in Restaurants, öffentlichen Verkehrsmitteln, Flugzeugen und Betrieben, in Nichtraucherzimmern im Hotel, in Krankenhäusern, Wartezimmern von Ärzten, Aufzügen, Parkhäusern, Museen, Kirchen, Tankstellen – und natürlich in Gegenwart von Kindern. All das klingt selbstverständlich, ist es aber nicht. Im ICE habe ich regelmäßig Mühe, ein Nichtraucherabteil zu finden, in dem es nicht nach kaltem Rauch riecht. Ein befreundeter Raucher hat mich aufgeklärt, woran das liegt: Auch Raucher fühlen sich in der Nichtraucherzone wohler – weil es dort nicht so verqualmt ist.

Warten Sie mit dem Rauchen, bis alle mit dem Dessert fertig sind. Und fast noch wichtiger: Nehmen Sie auch Rücksicht auf die Leute am Nebentisch – vor allem in Restaurants, in denen es keinen Nichtraucherbereich gibt. Wer sich die erste Zigarette anzündet, während das Paar am Nachbartisch gerade den Hauptgang serviert bekommt, darf sicher sein, den anderen die Freude an der Entenbrust gründlich zu verderben.

Fragen Sie um Erlaubnis, ehe Sie sich eine Zigarette, Zigarre oder Pfeife anstecken – und auch nur dann, wenn Sie ziemlich sicher sein können, andere mit Ihrer Bitte nicht zu nötigen: »Würde es Ihnen sehr viel ausmachen, wenn ich rauche?« Guterzogene Menschen fragen übrigens auch dann, wenn sie als Gastgeber in das eigene Büro oder die eigene Wohnung eingeladen haben.

Wenn Sie als Gast bei bekennenden Nichtrauchern eingeladen sind, sollten Sie sich die Frage nach dem Rauchen ganz verkneifen.

Wenn Sie schon rauchen, dann so rücksichtsvoll wie möglich. Achten Sie darauf, niemandem den Qualm ins Gesicht zu blasen. Lassen Sie eine halbgerauchte Zigarette nicht im Aschenbecher schwelen, um sie später zu Ende zu rauchen. Verwenden Sie einen Aschenbecher mit Deckel, den Sie täglich leeren und auswaschen. Akzeptieren Sie es klaglos, wenn die nichtrauchenden Kollegen in Ihrem Büro auch an eiskalten Januartagen regelmäßig die Fenster öffnen; sie haben guten Grund dazu. Und versuchen Sie erst gar nicht, einen Nichtraucher davon zu überzeugen, der Qualm einer einzigen Zigarette könne doch unmöglich störend für ihn sein ...

Nichtraucher-Knigge

Bleiben Sie höflich. Die neue Kollegin im Großraumbüro erweist sich als Kettenraucherin? Ihr Schwiegervater stopft seine Pfeife, obwohl das Baby in seinem Hochstuhl neben ihm sitzt? Sie sitzen im Nichtraucherbereich der Abflughalle, und ein Flugpassagier drei Sitze neben Ihnen zündet sich eine Zigarette an? Kein Grund zur Panik: Als Nichtraucher haben Sie das Recht und den Zeitgeist auf Ihrer Seite. Sagen Sie einfach höflich-bestimmt: »Wir haben uns darauf geeinigt, dass nur auf dem Flur am geöffneten Fenster geraucht wird.« – »Es macht dir doch nichts aus, auf der Terrasse zu rauchen?« – »Wären Sie so freundlich, hier nicht zu rauchen.«

Warnen Sie Raucher vor, wenn in Ihrem Haus nicht geraucht werden darf. Wer Gäste einlädt, übernimmt Verantwortung für ihr Wohlbefinden. Lassen Sie Raucher deshalb bereits mit der Einladung wissen, dass bei Ihnen nur im Garten oder auf dem Balkon geraucht werden darf. Ihr Gast weiß dann, was ihn erwartet – und hat die Möglichkeit, Ihnen lieber ein Treffen im Restaurant vorzuschlagen oder seinen Besuch auf den Sommer zu verschieben.

Halten Sie keine Moralpredigten. Ja, Rauchen setzt sich in Haaren und Kleidung fest, gefährdet die Gesundheit und kostet jeden Monat eine Stange Geld. Raucher wissen das – sie haben es ja schon tausendmal zu hören bekommen. Wir Nichtraucher verlangen Rauchern mit gutem Grund eine ganze Menge Rücksicht und Verzicht ab. Ersparen wir es ihnen, uns auch noch in ihre private Lebensführung einmischen zu wollen.

Smalltalk öffnet Türen

Wer ankommen will, kommt nicht um ihn herum: den vielgeschmähten Smalltalk, den die einen fürchten und die anderen als rhetorisches Leichtgewicht ablehnen. Dabei haben die vermeintlich trivialen Gespräche im Theaterfoyer, vor dem Meeting oder beim Messeempfang eine wichtige Aufgabe: Sie sind das Mittel zum Zweck, um unverbindlich die Möglichkeit einer engeren Verbindung auszuloten und lose Kontakte aufrechtzuerhalten. Die folgenden Regeln helfen Ihnen dabei:

Bereiten Sie sich vor: Bereiten Sie schon zu Hause oder spätestens auf der Hinfahrt im Auto eine kurze Selbstvorstellung nach der GNA-Formel aus **G**ruß, **N**ame und **A**ufhänger vor: »Hallo, ich bin Daniel Meir. Ich habe mit dem Gastgeber zusammen studiert.« Wenn Sie sich dazu noch ein, zwei Storys überlegen, die Sie pointiert erzählen können, und vier, fünf aktuelle Themen in petto haben, sind Sie gut gerüstet. Und: Lassen Sie die Liste der Leute Revue passieren, die Sie gleich treffen werden. Was ist in ihrem Leben gerade wichtig? Welche Hobbys haben sie? Worüber reden sie besonders gern?

Wählen Sie die richtigen Themen: Es sind Belanglosigkeiten, die Gespräche in Gang bringen: Eine Bemerkung über den Tagungsort oder das schöne Wetter, die Bitte um eine kleine Gefälligkeit, ein freundliches Kompliment. Je weiter das Gespräch fortschreitet, desto stärker ist dann aber auch Substanz gefragt: vom kalifornischen Chardonnay über die umstrittene *Don-Car-*

los-Inszenierung des Stadttheaters bis hin zu den Tarifen der Deutschen Bundesbahn ist im Smalltalk alles möglich. Jedenfalls, solange es leicht und schwerelos bleibt. Mit Geplänkel über den Sinn und Unsinn von George Lucas' *Star-Wars*-Filmen liegen Sie genau richtig. Der Krieg im Kosovo dagegen ist kein Thema, das sich zwischen Prosecco und Partyhäppchen abhandeln ließe.

Passen Sie sich an: In der Kleidung, der Wortwahl, den Meinungsäußerungen, der Lautstärke. Beim Smalltalk geht es nämlich gerade nicht darum zu polarisieren, anzuecken oder eine langweilige Gesellschaft aufzumischen. Sondern darum, Gemeinsamkeiten zu betonen und Unterschiede notfalls wegzulächeln.

Rücken Sie sich ins rechte Licht: Wer Lebensfreude ausstrahlt, mitreißend erzählt und sich für die Spalierobstbäumchen in Nachbars Garten genauso begeistern kann wie für den Karrieresprung des Partners oder den anstehenden Skiurlaub, zieht andere ganz automatisch in seinen Bann. Das ist kein Wunder: Gute Laune steckt an. Deshalb suchen wir instinktiv die Nähe von Menschen, die das Haar in der Suppe lassen, Komplimente ohne Ziererei annehmen und offen sind für die schönen Dinge des Lebens. Unter einer Voraussetzung: Bei aller positiven Selbstdarstellung dürfen Sie andere nicht in den Schatten stellen. Das soziale Geben und Nehmen muss ausgewogen sein.

Werden Sie aktiv: Wer sich für den Gesprächsverlauf oder sogar das Gelingen eines Festes mitverantwortlich fühlt, ist viel zu beschäftigt, um sich den Kopf über ein geeignetes Thema oder seine Wirkung auf andere zu zerbrechen. Schon in Ihrem eigenen Interesse sollten Sie deshalb Neulinge und Außenseiter ins Gespräch ziehen, den Gastgebern Ihre Hilfe anbieten, Besserwisser und Streithähne behutsam auf ein anderes Thema bringen oder Leute, die sich noch nicht kennen, miteinander bekannt machen.

Visitenkarten

Aus dem Geschäftsleben sind sie nicht wegzudenken. Sie sind unersetzlich, wenn es darum geht, berufliche Kontakte herzustellen und am Leben zu erhalten. Das kann so ablaufen:

Die Cheflektorin eines Verlags trifft auf der Buchmesse eine Erstlingsautorin: »Mir gefällt Ihr Buch sehr gut. Ich mag Ihren Stil. Ich gebe Ihnen meine Karte – falls Sie einmal einen neuen Verlag suchen.«

Der Produktmanager lernt beim Seminar für Führungskräfte die Mitarbeiterin einer Werbeagentur kennen: »Geben Sie mir doch Ihre Karte. Vielleicht ergibt sich ja einmal die Möglichkeit, dass wir zusammenarbeiten. Ich würde mich freuen.«

Der Anlageberater, die Galeristin, der Parkettverleger nutzen sie zur Kundenaquisition: »Ich gebe Ihnen einige meiner Karten. Falls Sie mit meiner Beratung zufrieden waren, wäre es schön, wenn Sie mich in Ihrem Bekanntenkreis weiterempfehlen.«

Die wichtigsten Do's und Don't's

Entwickeln Sie ein Gespür für das richtige Timing. Häufig werden Karten zu Beginn einer Besprechung ausgetauscht, manchmal auch erst am Ende. Als Mitarbeiter oder Gast warten Sie, bis Ihr Chef oder Ihre Gastgeberin das Signal dafür gibt.

Verteilen Sie Ihre Visitenkarten nicht wahllos. Auf dem Flug nach Brüssel haben Sie sich mit Ihrer Sitznachbarin höflich über das schlechte Wetter und die kurze Verspätung ausgetauscht. Danach haben Sie sich beide den Morgenblättern gewidmet. So wie die Dinge stehen, wäre es unangebracht, ihr kurz vor der Landung eine Visitenkarte in die Hand zu drücken.

Nutzen Sie die Möglichkeit, Visitenkarten mit einem handschriftlichen Zusatz zu versehen. Ich erlebe es immer wieder, dass ich telefonisch oder per Mail angekündigte Unterlagen kommentarlos zugeschickt bekomme. Das ist zwar Zeit sparend, aber doch auch sehr unpersönlich. Legen Sie in solchen Fällen einfach die

Visitenkarte, versehen mit einem kurzen Gruß, bei: »Freundliche Grüße aus Leipzig. Oliver Wolff«.

Überreichen Sie auf keinen Fall eine schmutzige oder abge-stoßene Visitenkarte. Falls Sie feststellen, dass Ihre letzte verblei-bende Karte verschrumpelt und angegraut ist, bleibt Ihnen nur die Wahl zwischen zwei Übeln: unorganisiert zu wirken oder ungepflegt. Ich ziehe in diesem Fall die erste Variante vor und notiere meinen Namen und meine Telefonnummer auf einem sauberen Blatt Papier.

Packen Sie Ihre Visitenkarte niemals während des Essens aus – auch dann nicht, wenn Sie meinen, die Gelegenheit wäre ge-rade günstig dafür. Das gilt für Stehempfänge ebenso wie für das Business Lunch oder gar die private Einladung. Wenn Sie Ihre Visitenkarte einem anderen Gast hinterlassen möchten, geben Sie sie ihm beim Abschied, möglichst unter vier Augen.

Die Visitenkarte im Privatleben

Auch im privaten Bereich können Visitenkarten nützlich sein. Wer mal eben Adressen oder Telefonnummern austauschen will, erspart sich damit die Suche nach mehr oder weniger geeig-neten Schreibutensilien. Und genau wie im Geschäftsleben ist die Visitenkarte eine Alternative zum Kurzbrief: zum Beispiel als Begleiter für die liegen gebliebene Strickjacke. Auf der Rückseite notiert man dann einen freundlichen Satz wie »Hoffentlich kommst du noch viele Abende lang ohne sie aus!«

Eines allerdings verbietet im Privatleben der Takt: die beruf-liche Position per Visitenkarte unterzujubeln. Wenn der andere auf der Karriereleiter weniger weit geklettert ist, lässt man die Visitenkarte am besten in der Brieftasche oder verwendet pri-vate Karten, auf denen nur Name und Adresse stehen.

13 *Machen Sie von sich reden*

>»Sie müssen die Leute packen, Professor, am besten bei den Emotionen. Bringen Sie sie zum Heulen. Überlegen Sie sich, was Sie sagen wollen, und sagen Sie es. Lassen Sie sich von dem hübschen Geschöpf da draußen nicht davon abhalten. Klar?«
>»O ja. Äh – klar.«
>»Sie müssen mit *einer* Aussage rüberkommen, dann haben Sie gewonnen, Professor.«
>»Ich verstehe. Hm. Mit einer Aussage ...«
>»Möglichst sexy, Professor. *Sexy.*«
>
> Antonia Byatt, BESESSEN

Zu den Grundregeln des Image-Design gehört es, sichtbar zu sein, sich einzubringen und sich Gehör zu verschaffen. Die Foren dafür reichen von Arbeitsbesprechungen und Tagungen über Chatgroups und Berufsverbände bis hin zum schnellen Espresso nach Büroschluss und dem Smalltalk nach dem Squash. Allerdings können Sie auch durch noch so engagiertes Networking in Meetings und auf Messen naturgemäß nur eine begrenzte Anzahl von Menschen erreichen. Wenn Sie sich auf einen Schlag einem großen Publikum bekannt machen möchten, müssen Sie deshalb einen Schritt weiter gehen und einen Weg in die Medien finden: zum Beispiel, indem Sie Ihr erfolgreiches Geschäftskonzept in einem Radiointerview erläutern. Die Lokalredaktion für Ihren Übersetzungsservice interessieren. An einer Talk-Runde des lokalen TV-Senders über die Verzögerungen beim Bau der neuen Umgehungsstraße teilnehmen. Sich in einem Leserbrief über das Problem der Parteienfinanzierung äußern. Ein Fachbuch über Mitarbeiterbeteiligung schreiben – oder ein Buch darüber, wie man es schafft, mit

einem ganz normalen Durchschnittseinkommen ein kleines Vermögen zu bilden.

In diesem Kapitel finden Sie Vorschläge und Anregungen, wie
Sie Kontakte zu Medien knüpfen, Publicityscheu abbauen und
sich gut in Presse, Funk und Fernsehen präsentieren können.

Das richtige Medium finden

Eine positive Berichterstattung in den Medien ist eine wirksame
und zudem kostenlose Möglichkeit, sich einen Namen zu machen, Vertrauen aufzubauen und Kunden zu gewinnen. Im Gegensatz zu Hochglanzprospekten und Werbematerialien spiegelt ein Zeitungs- oder Zeitschriftenartikel nämlich eine unab-
hängige Meinung der Redaktion wider und ist nicht für Geld
(wenn auch vielleicht für gute Worte) erhältlich. Und die Tatsache, dass der lokale Radiosender sich ausgerechnet Sie als Expertin für die neue 630-Mark-Regelung ausgeguckt hat, erfüllt
noch immer viele Menschen mit Bewunderung – auch Kunden,
Chefs und Mitarbeiter.

Allerdings: Wenn Sie nicht gerade das menschliche Genom
entschlüsselt oder im großen Stil Firmengelder auf Auslandskon-
ten umgeleitet haben, werden sich die Medien vermutlich nicht
um Sie reißen. Die meisten von uns müssen schon selbst aktiv
werden, um in die Zeitung oder ins Fernsehen zu kommen.
Dank der bunten, vielfältigen Medienlandschaft und vieler
neuer Radio- und TV-Kanäle stehen die Chancen dafür aber besser denn je.

• Sie organisieren den 60. Geburtstag des Seniorchefs. Schicken Sie eine Einladungskarte, versehen mit einem handschriftlichen Gruß, an die freie Mitarbeiterin des Regional-
  funks, die Sie vor drei Jahren in der Schwangerschaftsgymnas-
  tik kennen gelernt haben.

• Sie haben sich im letzten Jahr als Landschaftsgärtner selbstständig gemacht. Rufen Sie im Frühjahr bei Ihrem lokalen TV-

Sender an – vielleicht hat die Redaktion Interesse an einem Kurz-Interview über Tipps und Tricks zum Obstbaumschnitt.

- Sie haben einen kostenpflichtigen Internet-Nachhilfeservice eingerichtet. Bieten Sie einer Zeitschrift für Eltern und Familien an, regelmäßig einen kostenlosen Lerntipp beizusteuern – wenn Sie im Gegenzug auf Ihre Website aufmerksam machen dürfen: »Mehr dazu unter www.bertie-einstein.de«.

- Eigentlich sind Sie zwar Kirchenmusiker – aber jetzt haben Sie eine Jazz-CD eingespielt. Schicken Sie nicht nur eine Pressemitteilung an Ihre Heimatzeitung, sondern auch an die Lokalredaktion der Stadt, in der Sie aufgewachsen sind. Mit etwas Glück erscheint dort ein Artikel mit der Überschrift »Ehemaliger Neustädter macht Louis Armstrong Konkurrenz«.

- Nach Ihrem Herzinfarkt vor drei Jahren mussten Sie lernen, mit Ihren Kräften Haus zu halten. Schreiben Sie für die Zeitschrift Ihres Unternehmens einen Artikel über Zeit- und Stressmanagement.

Medienarbeit beginnt nicht mit dem großen Auftritt, sondern mit der kleinen Meldung. Unterschätzen Sie deshalb nicht die Breitenwirkung provinzieller TV-Sender und kostenloser Anzeigenblätter. Wenn Sie dort durch ein angesagtes Thema, eine neue Beurteilung eines alten Problems oder eine lebendige Ausstrahlung auffallen, kann es gut sein, dass bald auch bekanntere, imageträchtigere Redaktionen auf Sie zukommen.

Wichtig ist für den Anfang erst einmal nur die Seriosität der Zeitung, Zeitschrift oder Sendung, in der Sie erscheinen. Ein Artikel über Ihr Seminarangebot für betriebliche Konfliktlösungen in einem seriösen Regionalblatt kann Ihnen den Weg in überregionale Medien ebnen. Haben Sie sich dagegen als Gast oder Experte zu einer Nachmittags-Talkshow à la »Hilfe, mein Chef ist ein Ekelpaket« hergegeben, ist es unwahrscheinlich, dass sich demnächst Sabine Christiansen oder Erich Böhme für Sie interessieren werden.

Medienkontakte aufbauen und pflegen

Redaktionen und Casting-Firmen leben von Neuigkeiten – und brauchen sie in Riesenmengen, täglich frisch. Wer ihnen diese Ware verständlich und ohne Marktschreierei ins Haus liefert, hat gute Chancen, gedruckt zu werden.

Die Presseinformation

»Fast alles, was wir in der Zeitung lesen«, so der PR-Fachmann Gerhard Bungert, »wurde bewusst lanciert« – von Parteien, Gewerkschaften, Unternehmen, Verbänden, Vereinen und Einzelpersonen.[70] Wichtigstes Mittel dafür ist die Pressemeldung. Damit sie unter der Fülle der Einsendungen wahrgenommen und gedruckt wird, sollten Sie die folgenden Spielregeln beachten:

Machen Sie's dem Leser leicht. Sorgen Sie dafür, dass Ihre Presseinformation auf dem richtigen Schreibtisch landet und problemlos weiterverarbeitet werden kann:

- Schicken Sie sie zusammen mit einem kurzen Begleitbrief an den *zuständigen* Redakteur. Die Mühe lohnt sich: Persönlich adressierte Mitteilungen landen seltener im Papierkorb.
- Geben Sie den Namen eines kompetenten Ansprechpartners sowie Telefon, Fax und E-Mail an.
- Wie jede Zeitungsnachricht muss eine Presseinformation Antwort auf die Fragen WER, WAS, WANN und WO geben. Darüber hinaus können Sie noch das WIE und WARUM erklären.
- Schreiben Sie keine Romane: Eine, höchstens zwei locker beschriebene Seiten mit höchstens dreißig Zeilen à vierzig Zeichen genügen. Wenn die Redakteurin noch ausführlichere Informationen braucht, wird sie sich bei Ihnen melden.

Suchen Sie den Wow!-Faktor. Als 1998 unser Buch *Smalltalk* erschien, war es zunächst nicht einfach, die Medien dafür zu interessieren – schließlich kommen jedes Jahr Zigtausende von Büchern auf den Markt. Ein paar Monate später sah die Sache

schon besser aus: Da stand das Buch nämlich auf einer Bestsel-
lerliste genau vor den Enthüllungen von Monica Lewinsky – und
wir hatten einen Aufhänger, der Aufmerksamkeit in den Redaktionen erregte.

Journalisten ist es völlig egal, dass wir in die Zeitung oder ins
Fernsehen kommen wollen. Sie interessiert nur eines: der News-
Faktor, den unser Thema für ihre Leser, Hörer oder Zuschauer
haben könnte. Ziehen Sie Ihre Pressemitteilung deshalb so auf,
dass auf den ersten Blick die Aktualität, der regionale Bezug, die
öffentliche Bedeutung, der Unterhaltungswert Ihrer Story klar
wird.

Kommen Sie zur Sache. Ein interessanter Auftakt ist das A und O
jeder Pressemitteilung. Er entscheidet, ob der zuständige Redakteur interessiert weiterliest oder die Mitteilung angeödet zur
Seite schiebt. Langweilen Sie deshalb nicht mit Gemeinplätzen:
»Die CeBit ist eine der größten Besuchermagneten unter den
bundesdeutschen Messen. Wie in den vergangenen Jahren zeig-
ten auch diesmal die Anbieter ...« Kommen Sie gleich zur Sache:
»Der Firma Xpert aus Aachen gelang auf der CeBit der Einstieg
ins Japan-Geschäft. Damit haben die Anbieter von Software-
Lösungen für die Produktionssteuerung ihr wichtigstes Ziel für
die diesjährige CeBit erreicht.«[71]

Formulieren Sie knapp und verständlich. Schreiben Sie kurze,
unkomplizierte Sätze, und vermeiden Sie Passiv, Bürokraten-
deutsch, Fachjargon und sprachlichen Bombast. Damit verkom-
plizieren Sie Ihre Texte, ohne zum Verständnis beizutragen.
Schreiben Sie also nicht: »Die neue Produktlinie wurde entwickelt als Sinnbild für Modernität und Seriosität.« Sondern
schlicht: »Die neue Produktlinie wirkt modern und seriös.«

Das Kontakttelefonat

Falls die Redaktion sich ein paar Tage nach Eingang der Presseinformation noch nicht bei Ihnen gemeldet hat, können Sie
ruhig telefonisch nachfragen, ob das Thema interessant war.

Vielleicht ist Ihre Mitteilung einfach nur im Eingangskorb hängen geblieben, und Ihr Anruf gibt den Anstoß, sich noch einmal genauer mit Ihnen und Ihrem Thema zu befassen.

Wenn Sie lieber telefonieren als schreiben, können Sie natürlich gleich telefonisch in der Redaktion anfragen: »Wäre das ein interessantes Thema für Sie?« Dabei gelten die gleichen Regeln wie für die Pressemitteilung: Überlegen Sie, wie Sie sich und Ihre Leistung für die Redaktion interessant machen können. Argumentieren Sie mit dem Leser- bzw. Hörernutzen. Verkaufen Sie Ihr Thema nicht als graue Theorie, sondern als möglichst aktuelle, mitreißende, polarisierende oder Betroffenheit auslösende Story. Ein Anruf ist besonders sinnvoll, wenn Sie Kontakt zu einem Radio- oder Fernsehsender aufnehmen möchten: Dann liefert das Telefonat der Redakteurin nämlich eine Vorstellung davon, wie medientauglich Sie sind.

Das Autorisieren

Sie haben es geschafft: Ihr Start-up-Unternehmen wird im Wirtschaftsteil vorgestellt, die Lokalredaktion bringt ein Porträt über Sie, ein Mittagsmagazin bittet Sie als Experten in die Sendung »Wenn es dem bösen Nachbarn nicht gefällt«. Natürlich würden Sie jetzt gerne möglichst groß herauskommen – und den Zeitungsartikel vor dem Erscheinen gegenlesen oder Ihre Stellungnahme sicherheitshalber noch ein zweites Mal aufnehmen. Gefragte Politiker und hochrangige Manager können solche Bedingungen meistens durchsetzen. Sie stimmen einer Berichterstattung über ihre Person häufig nur zu, wenn sie den Artikel oder die Aufzeichnung vor der Veröffentlichung zur Autorisierung erhalten.

Wenn man nicht zu den bekannten Personen des öffentlichen Lebens zählt, sieht die Sache etwas anders aus: Auf Aufzeichnungen für Radio und Fernsehen hat man in diesem Fall praktisch keinen Einfluss mehr. Bei Zeitschriften- und Zeitungsartikeln dagegen lohnt es sich durchaus zu fragen, ob man den Artikel oder die Zitate vor dem Druck gegenlesen darf. Ich habe die Erfahrung gemacht, dass die Lokalredaktionen diese Bitte meistens gerne erfüllen. Allerdings: Ein Freibrief für umfassende Änderungen ist ein solches Entgegenkommen nicht. Verfallen Sie deshalb nicht auf die Idee, den Grundtenor des Artikels ändern zu wollen. Machen Sie einen Änderungsvorschlag wirklich nur dann, wenn ein Sachverhalt oder Zitat nicht ganz richtig wiedergegeben ist.

Danke!

Auch wenn Ihre News noch so gut sind: Kein Journalist, keine Redakteurin ist gezwungen, ein positives Porträt über Sie zu schreiben oder gerade die geistreichste Ihrer Antworten wörtlich abzudrucken. Machen Sie es sich deshalb zur Regel, sich mit drei, vier handgeschriebenen Zeilen für die gute PR, die faire Berichterstattung oder einfach nur das Interesse an Ihren Aktivitäten zu bedanken. Übrigens auch dann, wenn ein Beitrag kleiner ausgefallen ist, als Sie sich das erhofft hatten, oder die Redakteurin eine für Sie wichtige Information vergessen hat.

Wer schreibt, der bleibt

Bücher und Fachartikel sind ein ausgezeichnetes Medium, sich einen Ruf als Experte zu erwerben und das eigene Image aufzupolieren. Erstens, weil das gedruckte Wort den meisten Menschen noch immer etwas gilt. Und zweitens, weil man beim Schreiben sein Thema so gründlich durchdenken muss, dass man nebenbei sein fachliches Know-how ein gutes Stück voranbringt. Irgendwo habe ich dafür einmal die schöne Metapher gelesen: Man fischt mit Worten nach der Welt.

Bevor es so weit ist, müssen Sie allerdings erst einmal einen Verlag oder ein Gutachtergremium von Ihrem Thema und Ihren Schreibfähigkeiten überzeugen. Bei Büchern geschieht das meistens in Form eines zwei- bis dreiseitigen Konzeptes und eines Probekapitels; bei Fachartikeln sind die Bedingungen unterschiedlich: Manchmal genügt es, zunächst eine ein- bis zweiseitige Kurzfassung vorzulegen, manchmal müssen Sie auch gleich den fertigen Artikel einreichen. So oder so – das sollten Sie vorweisen können:

Einen entwickelten Schreibstil: Schreiben ist harte Arbeit – sogar für die, die ihr Handwerk beherrschen. Wenn es Ihnen schwer fällt, sich schriftlich auszudrücken und ein Thema übersichtlich darzustellen, ist ein Buch ganz sicher nicht der Königsweg zu einem besseren Image. Schreiben ist zwar erlernbar, aber nicht von heute auf morgen.

Ein neues oder neu verpacktes Thema. Wenn Ihr Thema nicht brandneu ist, sollte es wenigstens Bekanntes unter einem neuen Aspekt betrachten. Ein Beispiel: Bücher über Aktien gibt es wie Sand am Meer. Um einen Verlag für ein weiteres Buch dieser Art zu interessieren, müssen Sie entweder der Urenkel von André Kostolany sein oder einen neuen Ansatzpunkt finden – zum Beispiel mit einem Titel wie»Aktien & Windeln. Mein Kind – finanziell ausgesorgt mit 20.«

Eine aussagekräftige Kurzfassung: Ganz gleich, ob Sie ein Buch oder einen Artikel anbieten möchten – stellen Sie auf etwa einer Seite Inhalt, Tenor und Kernaussage des geplanten Textes dar. Die Sprache und Abstraktionsebene dieses »Aufreißers« sollte der des fertigen Textes entsprechen. Für den Verlag ist dieser Text nicht nur inhaltlich interessant – er liest daran auch ab, ob Sie schreiben können.[72]

Ein durchdachtes Inhaltsverzeichnis: Rückgrat Ihres Konzeptes ist eine mehr oder weniger ausführliche Gliederung des fertigen Textes. Sie spiegelt Absicht, Aufbau und Inhalte wider.

Viele interessierte Leser: Bücher brauchen Käufer. Je mehr Leute sich potenziell für Ihr Thema interessieren, desto besser stehen Ihre Karten, dass Ihr Buchprojekt Anklang findet. Kein Verlag hat Interesse daran, ein Buch zu einem Thema herauszubringen, das in Deutschland höchstens 500 Leute interessiert. Spezialinteressen pflegen Sie weniger aufwändig und mit mehr Aussicht auf Erfolg im Internet.

Wenn ein Verlag Ihr Buchkonzept oder Ihren Vorschlag für einen Fachartikel angenommen hat, haben Sie eine entscheidende Hürde genommen: Sie haben eine Plattform für Ihre Materie gefunden und wissen, dass Sie nicht für den Papierkorb schreiben werden. Am Ziel sind Sie damit allerdings noch lange nicht – Ihnen steht ein hartes Stück Arbeit bevor. Aber das ist ein anderes Thema.

Ton ab, Kamera läuft

Vor laufender Kamera oder eingeschaltetem Mikrophon wird auch souveränen Menschen mulmig zu Mute. Zu Recht: Schließlich zeichnet die Kamera jedes Zucken des Augenlids, jede unkontrollierte Handbewegung und jede inhaltliche Schwäche erbarmungslos auf. Und selbst bei einem noch so kurzen Radio-Interview schwingt die Angst vor nicht zu Ende gebrachten Sätzen, einem plötzlichen Hustenanfall oder dem totalen Black-out am Mikrophon mit – live, vor Hunderttausenden von Hörern.

Ausgerechnet dann, wenn wir unsere ganze Konzentration brauchen, schaltet bei vielen der Körper auf Alarmstufe I: Das Herz rast, der Adrenalinspiegel steigt, der Schweiß bricht aus, die Verdauung läuft auf Hochtouren. Diese körperlichen Veränderungen sind eine ganz natürliche Reaktion auf unbekannte Situationen – Lampenfieber eben. Daran führt kein Weg vorbei. Aber: Wenn wir oft genug mitten durch die Angst hindurch gegangen sind, stellt sich allmählich Routine und irgendwann vielleicht sogar der Spaß am großen Auftritt ein. Mit den folgenden Tricks können Sie das Abenteuer, auf Sendung zu sein, besser bestehen.

Hingehen oder wegbleiben?

Selbst erfahrene Talkshow-Gäste und Interviewpartner nehmen nicht unbesehen jedes Angebot an, im Radio oder Fernsehen aufzutreten. Sie prüfen genau, ob ihnen das Themengebiet liegt, der Fragestil der Moderatorin zusagt und die Sendung ihr Image aufwertet oder nicht. Statt sich der Gefahr auszusetzen, vor laufender Kamera zu scheitern, lehnen sie lieber mal ein Angebot ab. Denn Tatsache ist: In keinem anderen Medium kann man mehr Fehler machen als im Fernsehen. Und auch ein Radio-Interview, zumal wenn es live gesendet wird, ist nicht ganz ohne. Es lohnt sich deshalb, auf die innere Stimme zu hören.

Wahr ist allerdings auch: Wenn ich immer unreflektiert meinem Gefühl im Bauch nachgegeben hätte, hätte ich mich vermutlich noch kein einziges Mal in die Medien gewagt. Die Angst vor dem Auftritt allein ist also nicht das entscheidende Kriterium für Zu- oder Absage.

Viel wichtiger sind Format und Niveau der Sendung – und die Rolle, die Sie darin übernehmen sollen. Sind Sie als Gast oder als Experte eingeladen? Werden Sie ein Zweiergespräch mit der Moderatorin führen, oder müssen Sie sich in einer größeren Runde Gehör verschaffen? Wird ein Interview live gesendet oder nach der Aufzeichnung auf zweieinhalb Minuten zusammengeschnitten? Ist der Moderator ein neutraler Stichwortgeber, ein einfühlsamer Talkmaster oder ein schlagfertiger Witzbold, der seine Gäste im Zweifelsfall schon mal Zungenbrecher aufsagen lässt? Sagt Ihnen das thematische Umfeld der Sendung zu? Berücksichtigen Sie auch Ihre Tagesform und Arbeitssituation: Wenn Sie keine Zeit für eine gründliche Vorbereitung oder eine Schnupfennase haben, sollten Sie auf den Medienauftritt verzichten.

So bereiten Sie sich vor

Immer mehr Manager engagieren TV-Coaches und -Trainer, um ihre Medienkompetenz zu stärken. Und viele Politiker bereiten sich auf Auftritte in Funk und Fernsehen vor, indem sie sie proben.[73] Wenn offenbar schon Medienprofis Statements und Interviewbeiträge nicht aus dem Ärmel schütteln, brauchen Laien erst recht eine gründliche Vorbereitung.

Definieren Sie Ihre Ziele. Was ist Ihre Hauptkommunikationsbotschaft? Wie wollen Sie wirken? Welche Sachziele verfolgen Sie? Welche Informationen wollen Sie unbedingt rüberbringen – auch dann, wenn Ihnen die Moderatorin kein entsprechendes Stichwort dafür liefert?

Sammeln Sie mögliche Fragen und Einwände. Und überlegen Sie, wie Sie darauf reagieren wollen. Nach Möglichkeit sollte eine Antwort nicht länger als zwanzig bis dreißig Sekunden dauern – das entspricht etwa sieben bis acht Schreibmaschinenzeilen.[74] Reizen Sie diesen Spielraum aber nicht bei jeder Antwort aus: Unterschiedlich lange Antworten wirken lebendiger.

Fassen Sie die inhaltliche Vorbereitung in einem Mindmap zusammen. Mindmaps sind strahlenförmige Gedankenbilder, in denen Sie Ihre Ideen stichwortartig als Assoziationsketten festhalten. Anders als Stichwortzettel pressen Sie Ihre Gedanken nicht in eine lineare Struktur, sondern bilden sie wie eine Landkarte flächig ab.

Spielen Sie das Interview mit einem Sparrings-Partner mehrmals durch. Beantworten Sie Fragen und Einwände mit Hilfe des Mindmaps. Trainieren Sie dabei auch, Ihre Hauptbotschaft unauffällig in Ihre Antworten einzubinden. Noch effizienter können Sie das Trockentraining gestalten, wenn Sie als Feedback ein Tonbandgerät oder eine Videokamera mitlaufen lassen. Dass Sie sich damit zusätzlichen Druck machen, schadet gar nichts – im Gegenteil.

Spulen Sie Ihre Antworten nicht auswendig ab. Nach einer Weile werden Sie merken, dass Sie Ihre Antworten nahezu mechanisch aufsagen können. Vorsicht: Dieser Lerneffekt geht auf Kosten der Lebendigkeit und Reaktionsfähigkeit. Besser ist es, nicht allzu viele Probedurchgänge nacheinander zu absolvieren und das Frage-Antwort-Spiel immer neu zu variieren.

Wählen Sie ein fernsehgerechtes Outfit. Überlegen Sie rechtzeitig, was Sie zu dem Interview oder der Talkshow anziehen werden. Ungünstig sind schwarze und knallrote Outfits: Sie machen blass. Auch schlecht: klein Gemustertes, weil es auf dem Bildschirm flimmert. Ansonsten kommt es vor allem darauf an, dass Ihr Outfit der Rolle gerecht wird, in der Sie im Fernsehen auftreten: Wenn Sie als Wissenschaftler nicht nur sich, sondern auch Ihre Hochschule vertreten, versteht es sich von selbst, dass Sie ein Jackett, einen Anzug oder einen klassischen Pulli wählen – auch wenn Sie im normalen Unialltag auf Kleidung wenig Wert legen. Achten Sie außerdem darauf, dass Sie sich in Ihrem Outfit unbeschwert bewegen können – vor allem dann, wenn Unterkörper und Beine nicht hinter einem Podest versteckt sind. Es hebt nicht eben Ihre Ausstrahlung, wenn Sie vor der Kamera das Gefühl haben, Ihre Krawatte sei verdreht oder Ihr Minirock zu weit über die Oberschenkel hochgerutscht.

Keine Angst vor Lampenfieber

Mit Lampenfieber kommt man am besten klar, wenn man es als Verbündeten sieht. Tatsächlich ist die Aufregung vor dem Auftritt ein natürliches Doping-Mittel: Die Stresshormone Adrenalin und Noradrenalin bereiten den Körper darauf vor, Höchstleistungen zu erbringen. Trotzdem ist es natürlich weder angenehm noch ermutigend, vor jedem öffentlichen Auftritt tausend Tode zu sterben. So halten Sie das Lampenfieber auf einem erträglichen Niveau:

Behalten Sie den Termin der Sendung für sich. Jedenfalls dann, wenn Sie noch kein Medienprofi sind. Das Wissen, dass Eltern, Schwiegereltern, Freunde, Kollegen und Nachbarn in gespannter Erwartung vor dem Fernseher sitzen, trägt nicht eben zur Gelöstheit bei.

Bereiten Sie eine Antwort für den Einstieg vor. Häufig ist die Einstiegsfrage vorhersehbar, oder Sie kennen sie aus dem Vorgespräch mit der Redakteurin der Sendung. Wenn die ersten zwei, drei Sätze gut kommen, ist der Bann meist gebrochen und der

Druck lässt nach. Fixieren Sie sich aber nicht zu sehr auf Ihre vorbereitete Einstiegsantwort – nicht jeder Moderator hält sich an das Skript der Redaktion. In diesem Fall ist geistesgegenwärtiges Improvisieren gefragt.

Konzentrieren Sie sich. Ziehen Sie sich vor der Sendung nach Möglichkeit für kurze Zeit zurück und konzentrieren Sie sich. Beobachten Sie nüchtern-interessiert, wie der Körper sein angeborenes physiologisches Programm abspult. Atmen Sie langsam und bewusst. Spielen Sie Ihren Auftritt im Geist noch einmal durch. Denken Sie daran, dass Sie perfekt vorbereitet sind.

Nehmen Sie sich und Ihren Auftritt nicht so wichtig. Zunächst einmal ist ein Interview oder eine Talkshow nichts anderes als eine Unterhaltung mit einem oder mehreren Gesprächspartnern. Das ist eine Situation, die Sie kennen und schon viele Male bewältigt haben. Da draußen im Lande sitzen Millionen von Zuschauern? Oder immerhin ein paar Tausend? Tatsache ist: Die meisten werden Sie nur mit halbem Ohr wahrnehmen. Weil sie nämlich müde sind, unkonzentriert, zu Abend essen, bügeln, sich ein Glas Wein holen, kurz mal in den anderen Kanal zappen. Eben all das tun, was Sie selbst so vor dem Fernseher zu tun pflegen.

Auf Sendung

Es ist so weit. Sie sind auf Sendung. Die erste Frage rauscht an Ihnen vorbei, Sie lächeln den Moderator an (nicht die Kamera!), nicken und hören, wie Sie Ihre erste Antwort formulieren. Der Sprung ins kalte Wasser ist geschafft, Sie leben noch – und müssen jetzt nur noch zusehen, dass Sie den Kopf über Wasser halten.

Erhöhen Sie den Sympathiefaktor. Im Morgenfunk oder im Mittagsmagazin eines Fernsehsenders sind keine abstrakten Fachvorträge gefragt, sondern griffige Kurz-Statements, Anekdoten, Beispiele und Erlebnisse – erzählt in einer alltäglichen, natürlichen Sprache. Scheuen Sie sich nicht, Ihre Faszination für Ihr Thema zu zeigen. Ihre Begeisterung überträgt sich auf das Publikum, und Sie wirken gut gelaunt und positiv.

Achten Sie auf die Übereinstimmung von primären und sekundären Eindrücken. Widersprüche zwischen Körpersprache und gesprochener Sprache wirken auf die Zuschauer suspekt und gehören zu den schlimmsten Fehlern, die man vor der Kamera machen kann. Sie treten auf, wenn Fühlen, Denken und Handeln nicht im Einklang sind – zum Beispiel, weil wir der Situation innerlich nicht so gelassen gegenüber stehen, wie wir nach außen hin vorgeben. Je mehr Authentizität Sie wagen, desto geringer ist die Gefahr, dass die Kamera Unstimmigkeiten entlarvt.

Bringen Sie Ihre Hauptkommunikationsbotschaft unter. Meistens haben wir einen ganz bestimmten Grund, warum wir die Öffentlichkeit suchen. Diese Botschaft gilt es zu vermitteln – dezent, aber nachdrücklich. Unterscheiden Sie bei Ihren Antworten deshalb freie und gebundene Informationen:

- Die gebundene Information antwortet direkt auf die Frage.
- Die freie Information dient Ihrem Selbstmarketing und ist das, was Sie unbedingt unterbringen wollen – auch wenn Sie nicht danach gefragt werden.[75]

Machen Sie sich unabhängig vom Interesse des Moderators. Eigentlich gehört es zu den Aufgaben eines Moderators, sich freundlich, interessiert und aufmerksam zu zeigen – auch in den Momenten, in denen er nicht im Bild ist. Trotzdem kann es vorkommen, dass der Moderator einfach eine Liste von Fragen abliest, die er von seiner Redaktion bekommen hat – und geistig abschaltet, sobald das Mikrophon bzw. die Kamera nicht auf ihn gerichtet ist. Lassen Sie sich davon nicht irritieren: Im Gegensatz zu Ihnen ist der Moderator möglicherweise stundenlang auf Sendung. Versuchen Sie, den Blickkontakt aufrechtzuerhalten und erst recht lebendig und spannend zu bleiben.

Das Wichtigste auf einen Blick

1 **Kalkulieren Sie die Macht des ersten Eindrucks ein.** Eindrucksbildung ist oft das Resultat eines blitzschnellen und keineswegs ausgewogenen Wahrnehmungsprozesses. Fast reflexartig bildet sich unser Gegenüber ein Bild von uns, das zunächst ausschließlich von sichtbaren Faktoren wie Auftreten, Erscheinung und Umgangsformen bestimmt wird. Damit wird das Image – das Bild, das andere von uns haben – zu einem wesentlichen Erfolgsfaktor.

Wer etwas bewirken will, muss deshalb in ein imageförderliches Auftreten ebenso investieren wie in die fachliche Weiterbildung. Denn: Leistung ist ein Konsumprodukt. Um wahrgenommen zu werden, muss sie nicht nur erbracht, sondern auch ansprechend verpackt, gut sichtbar platziert und wirkungsvoll vermarktet werden.

2 **Finden Sie Ihre Erfolgsformel.** Manchmal denken wir viel zu viel darüber nach, wie wir sein sollten, statt uns klar zu machen, wer wir sind und was wir können. Und verschleißen unsere Kräfte, indem wir versuchen, Defizite aus unserem Leben zu entfernen. Energiesparender und erfolgversprechender kommen wir durchs Leben, wenn wir unsere Stärken ausbauen, statt uns über unsere Schwächen zu grämen. Analysieren Sie deshalb, was Sie können und gerne tun. Und stellen Sie sich dann vor, Sie sind ein Unternehmen, das seine Philosophie oder Werbebotschaft zu einem einprägsamen Slogan verdichten möchte: »Wir denken weiter« (Thiel Logistik). »Think different« (Apple). »Leben Sie. Wir kümmern uns um die Details« (HypoVereinsbank). Wie würde eine vergleichbare Erfolgsformel für Ihre Ich-AG lauten? Wie können Sie Ihr Selbstverständnis in drei, vier Worten suggestiv und doch exakt umreißen?

3 **Setzen Sie sich in Szene.** Sie selbst wissen, welche Stärken Sie in die Waagschale werfen. Das heißt jedoch nicht, dass sich Ihre Fähigkeiten und Vorzüge auch Ihrer Umwelt ohne weiteres mitteilen. Einfach nur »echt« zu sein ist deshalb nicht genug. Stattdessen sollten Sie überlegen, wie Sie beim Publikum den gewünschten Eindruck hervorrufen können. Zum Beispiel durch Ihren Kommunikations- und Führungsstil. Die Einrichtung Ihres Büros. Die Themen, für die Sie sich engagieren. Die Zeichen, die Sie setzen.

Denn auch wenn wir es nicht wahrhaben möchten: Häufig wirken demonstrative Überstunden engagierter als konzentrierte Effizienz. Macht ein Porträt in der Zeitung mehr Eindruck als ein Forschungsbericht, den nur Eingeweihte verstehen. Öffnet die Mitgliedschaft im Lions-Klub Türen leichter als der glänzende Hochschulabschluss. Überzeugt der rasche Griff zum Rezeptblock den Patienten mehr als das ausführliche Gespräch über eine gesündere Lebensweise.

4 **Stellen Sie sich auf Ihr Publikum ein.** Um unsere Ziele zu erreichen, ist es nicht immer ratsam, uns so zu geben, wie wir uns gerade fühlen. Wer überzeugen will, muss vielmehr lernen, sein Verhalten auf die Erwartungen und die Denkkultur seines Gegenübers abzustimmen. Auch wenn Sie sich am besten im mädchenhaften Sommerkleid und mit offenen Haaren gefallen: Ihre Klienten empfangen Sie besser im Kostüm mit einer gebändigten Frisur. Ihr Outfit ändert zwar nichts an Ihrer Kompetenz. Aber ein unpassendes Styling lässt bei Ihrem Gesprächspartner den Eindruck entstehen, er befände sich im falschen Stück – und in den falschen Händen. In den entscheidenden Sekunden der Eindrucksbildung sieht er nämlich nicht Ihren Doktortitel, sondern eine Frau, die nicht seiner Vorstellung von einer kompetenten Beraterin entspricht. Ein Vor-Urteil, gewiss. Nur: Der unbewusste Meinungsbildungsprozess des Menschen ist simpel gestrickt. Es wäre unklug, dem nicht Rechnung zu tragen.

5 **Nehmen Sie die Eröffnungspartie ernst.** Es ist wie beim Schach: Wer sich gleich am Anfang in eine günstige Position bringt, entscheidet am Ende das Rennen leichter zu seinen Gunsten. Überlassen Sie es vor ersten Begegnungen und wichtigen Gesprächen nicht dem Zufall und nach Möglichkeit auch nicht ausschließlich Ihrem Gesprächspartner, wann und wo Sie sich treffen und wer die Gesprächsführung übernimmt. Machen Sie durch den förmlichen oder zwanglosen Charakter Ihrer Kleidung und die Distanz oder Herzlichkeit der Begrüßung klar, wie Sie gesehen und behandelt werden möchten. Wählen Sie Ihren Sitzplatz so, dass Sie gut sichtbar sind und mit den anderen in gleicher Augenhöhe verhandeln können. Ungleiche Konstellationen machen es schwierig, den eigenen Standpunkt selbstbewusst zu vertreten.

6 **Vernetzen Sie sich.** Die richtigen Leute zu kennen und zu den richtigen Events eingeladen zu werden fördert das Image ebenso wie die Karriere. Es lohnt sich daher, ein großes und tragfähiges Beziehungsnetz zu knüpfen und zu pflegen. Je früher Sie damit anfangen, desto besser. Dabei darf neben gegenseitiger Sympathie durchaus auch der Kosten-Nutzen-Faktor eine Rolle spielen. Eines sollten Sie allerdings von Anfang an klar stellen: Ihre innere Unabhängigkeit ist für Sie unantastbar. Sie sind weder bestechlich, noch lassen Sie sich aus Dankbarkeit für erwiesene Wohltaten zu unprofessionellem Verhalten verleiten. Als Image-Designer hört Verflechtung dort für Sie auf, wo Verfilzung beginnt.

7 **Pflegen Sie den schönen Schein.** Aussehen und Umgangsformen sind das Erste, was man an uns wahrnimmt. Sie entscheiden in Bruchteilen von Sekunden über Sympathie und Antipathie. Es lohnt sich daher, in eine gepflegte Erscheinung und angenehme Umgangsformen zu investieren: sich vernünftig zu ernähren und ausreichend zu bewegen. Hochwertige Schuhe und Kleidung aus Naturstoffen oder Hightech-Materialien zu tragen. Auf tadellos gepflegte Zähne, Haare und Nägel zu achten. Den Namen des Gesprächspartners zu kennen und richtig auszusprechen. Bei der Begrüßung aufzustehen und das Jackett zuzuknöpfen. Die eigene Persönlichkeit mit wenigen geschmackvollen Accessoires wie Terminplaner, Uhr oder Manschettenknöpfen zu unterstreichen. Geschäftsessen formvollendet zu orchestrieren. Oder das Handy bei Besprechungen und möglichst auch bei privaten Treffen auszuschalten.

8 **Zeigen Sie Gefühl.** Ausdrucksstarke Menschen sind geborene Führungspersönlichkeiten – oft lange bevor sie die erste Führungsposition erreichen. Mit ihrer positiven Energie und ihrem Glauben an das gute Gelingen bringen sie die Menschen um sich herum dazu, Vertrauen in ihre Fähigkeiten zu entwickeln und über sich hinauszuwachsen. Nüchtern-analytische, zurückhaltende Menschen müssen sich mehr Mühe geben, Eindruck zu machen und andere für sich zu gewinnen. Um intensiver zu wirken, können sie zum Beispiel ihren Alltag um neue, schöne Erlebnisse bereichern. Anderen mit *sichtlichem* Interesse und Vergnügen zuhören. Freude oder auch mal Ärger zeigen, statt Gefühle für sich zu behalten. In Situationen, in denen Unterkühltheit den anderen verletzen könnte, die Gefühle äußern, die der Gesprächspartner erwartet.

9 **Zeigen Sie Profil.** Einstudierte Professionalität und dezente Souveränität bringen Sie nach vorn. Um an die Spitze zu kommen, braucht es mehr. Das führte zum Beispiel der Streit über die Besetzung des Chefpostens beim Internationalen Währungsfonds (IWF) mit dem deutschen Finanzstaatssekretär Caio Koch-Weser vor: »Nach allem, was man hört, ist er natürlich sehr intelligent und sympathisch«, analysiert Paul Krugmann am 2. März 2000 in der *SZ*. »Aber [...] Insider, mit denen ich gesprochen habe, beschrieben Caio Koch-Weser als einen, der zum Erfolg kam, indem er mitlief; sie halten ihn für einen, der kaum je starke Ideen verlauten ließ.«[76]

Zum Image-Design gehört es also auch aufzufallen: Stehen Sie zu Ihren persönlichen Eigenheiten, und übernehmen Sie nicht blindlings jede Anregung, die Sie in Ratgebern oder Seminaren bekommen. Was bei anderen funktioniert, muss für Sie keineswegs immer richtig sein. Verblüffen Sie Ihre Umwelt auch mal mit spontanen, unberechenbaren Extratouren. Wagen Sie es, sich höflich, aber hartnäckig allein gegen die Mehrheit zu stellen – wenn Sie davon überzeugt sind, dass Ihr Weg der bessere ist. Planen Sie bewusst Umwege und Brüche in Ihrer Biografie ein: der Ausflug in die Selbstständigkeit, das Sabbatical, das gleichzeitige Jonglieren von zwei oder drei Teilzeitjobs – Portfolio-Working nennt es der britische Management-Guru Charles Handy – lassen Sie als vielseitige, krisenfeste Persönlichkeit aus der Masse der Schmalspurkarrieristen herausragen.

Anmerkungen

[1] »Die Prügel der Partei«. *Spiegel,* Nr. 41/11.10.99. S. 25

[2] »Die Prügel der Partei«. *Spiegel,* Nr. 41/11.10.99. S. 24

[3] Manfred Piwinger, Helmut Ebert. *Impression Management. Zur Selbstdarstellung von Personen und Institutionen.* Schriftenreihe »PR-Kolloquium«. Heft 8. Herausgegeben von der DPRG-Landesgruppe NRW. Wuppertal 1998. S. 5

[4] Erving Goffman. *Wir alle spielen Theater. Die Selbstdarstellung im Alltag.* Piper, Neuausgabe 1983. S. 230

[5] Mark Snyder. »Selbstdarstellung: Die Masken, die wir tragen«. In: *Wir Selbstdarsteller.* Beltz Verlag 1988. S. 29

[6] Goffman, S. 19

[7] Snyder, S. 29: »Die Selbstüberwacher setzten ihre Fähigkeiten ein, um ein Gespräch in Gang zu bringen und in Gang zu halten – das schien ihnen wichtig zu sein.«

[8] Lothar Laux, Karl-Heinz Renner und Astrid Schütz. »Theatralität und Persönlichkeit: Publikumszentrierte Selbstdarstellung und die Inszenierung von Selbstkonsistenz«. http://www.uni-bamberg.de/~ba2pp1/forsch.htm

[9] Snyder, S. 36

[10] Michael Sauga, »Ende des Proletarieres«, *Spiegel,* Nr. 52/27.12.99, S. 117

[11] Gertrud Höhler. *Spielregeln für Sieger.* Econ 1996. S. 184

[12] http://www.jungvonmatt.de

[13] William Bridges. *Ich & Co.* Hoffmann & Campe. Hamburg 1996. S. 105 ff.

[14] Philip G. Zimbardo. *Psychologie.* Springer 1995. S. 480

[15] Friedemann Schulz von Thun. *Miteinander reden 3. Das »innere Team« und situationsgerechte Kommunikation.* rororo 1998

[16] Müller-Freienfels, R. *Geheimnisse der Seele.* München 1927. S. 233

[17] Siegfried Frey. *Die Macht des Bildes.* H. Huber 1999

[18] Frey, S. 132

[19] Zimbardo, S. 705

[20] Frey, S. 77

[21] Daniel C. Feldman, Nancy R. Klich. »Impression Management and Career Strategies«. In: Rosenfeld, Paul; Giacalone, Robert. *Applied Impression Management* 1991. 67 – 80. S. 69

[22] Lothar Laux; Astrid Schütz. *Wir, die wir gut sind. Die Selbstdarstellung von Politikern zwischen Glorifizierung und Glaubwürdigkeit.* dtv 1996. S. 54

23 Robert B. Cialdini. *Überzeugen im Handumdrehen. Wie und warum sich Menschen beeinflussen und überzeugen lassen.* Mvg 1992. S. 176
24 Tom deMarco. *Warum ist Software so teuer?* Hanser 1997. S. 152
25 Dietrich Schwanitz. *Der Campus.* Eichborn Verlag. 1995, S. 242
26 Mary Bragg. *Auf leisen Sohlen zum Erfolg. Der diskrete Charme der Einflußnahme.* Klett-Cotta 1999, S. 205
27 Laux/Schütz, S. 38
28 Goffman, S. 12
29 Goffman, S. 73
30 Cialdini, S. 191
31 *Erforscht und Erfunden: Glück dank Kartengruß, Zeit,* 19. Dezember 1997
32 Cialdini, S. 50
33 Fisher, Roger u.a. *Das Harvard Konzept. Sachgerecht verhandeln – erfolgreich verhandeln.* Campus 1993. S. 246 ff.
34 Höhler, S. 226
35 George Walther. *Sag, was du meinst, und du bekommst, was du willst.* Econ 1996
36 Walther, S. 147
37 Paul Watzlawick. *Wie wirklich ist die Wirklichkeit?* Piper 1976, S. 7
38 Piwinger, S. 22
39 Cialdini, S. 46
40 Paul Lahninger. *Leiten – präsentieren – moderieren.* Ökotropia Verlag 1999, S. 33
41 Märtin, Doris; Boeck, Karin. *EQ. Gefühle auf dem Vormarsch.* Heyne 1996. S. 69
42 Csikszentmihalyi, Mihaly. *Flow. Kreativität. Wie Sie das Unmögliche schaffen und Ihre Grenzen überwinden.* Klett-Cotta 1996. S. 165
43 Goleman, Daniel. *Emotionale Intelligenz.* Hanser 1995. S. 150
44 Zimbardo, S. 625
45 Märtin; Boeck. *EQ.* S. 67
46 Märtin, Doris; Boeck Karin. *Smalltalk. Die hohe Kunst des kleinen Gesprächs.* Heyne 1998. S. 96
47 Märtin; Boeck. *EQ.* S. 82
48 Csikszentmihalyi, S. 510
49 Eden, Dov. »Productive Self-Fulfilling Prophecy«. In: Rosenfeld, Paul; Giacalone, Robert. *Applied Impression Management* 1991. 13–39. S. 18
50 Goleman, S. 152–153
51 Laux; Schütz, S. 162
52 *Die Geheimnisse des Erfolgs. manager magazin* 1/00, S. 172
53 Csikszentmihalyi, S. 88

[54] Rubin, Harriet. *Machiavelli für Frauen. Strategie und Taktik im Kampf der Geschlechter.* Krüger 1998. S. 15

[55] Csikszentmihalyi, S. 517

[56] Zimbardo, S. 727f.

[57] von Thun, Friedemann Schulz. *Miteinander reden 1. Störungen und Klärungen.* rororo 1981. S. 169

[58] Rückert, Sabine. »Die Macht und das Mädchen«. *Zeit* Nr. 6/2000. 3. Februar 2000

[59] Cialdini, S. 170

[60] Entnommen aus Etcoff, Nancy L. *Survival of the Prettiest: The Science of Beauty.* Doubleday Books 1999.

[61] Cialdini, S. 170

[62] Etcoff, Nancy L. (eigene Übersetzung)

[63] Müller-Ullrich, Burkhard. »Keine Zeit zum Essen.« *Süddeutsche Zeitung* Nr. 275, 27./28. November 1999

[64] Roetzel, Bernhard. *Der Gentleman. Handbuch der klassischen Herrenmode.* Könemann 1999. S. 34

[65] »Erfolg durch Mode«. *bizz* Nr. 8, August 1999. S. 146

[66] Baldridge, Letitia. *Complete Guide to Executive Manners.* Rawson Assoc. 1985. S. 6 (eigene Übersetzung)

[67] Knigge, Adolph von. *Über den Umgang mit Menschen.* Nachdruck der Ausgabe Hannover 1788. Wiss. Buchges. 1976

[68] Baldrige, S. 14

[69] Wolff, Inge. *Umgangsformen. Ein moderner Knigge.* Falken 1998. S. 73

[70] Bungert, Gerhard. *Weiter im Text.* S. 192

[71] Märtin, Doris. *Erfolgreich texten.* Heyne 1999. S. 207 ff.

[72] Märtin. *Erfolgreich texten.* S. 68

[73] Laux, S. 194

[74] Thiele, Albert. »Mehr Sicherheit vor der Kamera. Tipps für Statements und Stressinterviews«. http://www.albertthiele.de

[75] Thiele

[76] Krugmann, Paul. »Wirtschaftswunden. Was Amerika gegen Caio Koch-Weser hat«. *Süddeutsche Zeitung* Nr. 51, 2. März 2000

Außerdem wurden weitere Artikel aus den folgenden Zeitungen und Zeitschriften verwendet: *Süddeutsche Zeitung, Zeit, Brigitte, Elle, Psychologie heute, manager magazin, bizz.*

Zum Weiterlesen

Über die Psychologie der Eindruckssteuerung

Bragg, Mary. *Auf leisen Sohlen zum Erfolg. Der diskrete Charme der Einflussnahme.* Klett-Cotta 1999

Frey, Siegfried. *Die Macht des Bildes.* H. Huber 1999

Goffman, Erving. *Wir alle spielen Theater. Die Selbstdarstellung im Alltag.* Piper, Neuausgabe 1983

Laux, Lothar; Schütz, Astrid. *Wir, die wir gut sind. Die Selbstdarstellung von Politikern zwischen Glorifizierung und Glaubwürdigkeit.* dtv 1996

Über Kleidung und Umgangsformen

Chic simple. Clothes. Alfred A. Knopf 1993

Halbreich, Betty; Wadyka, Sally. *Der Fashion-Guide. Geheimtipps aus der Modewelt.* dtv 1999

Lorenzoni, Brigitta; Bernhard, Wolfgang. *Professional Politeness. Die Anti-Ellbogen-Strategie für Ihren persönlichen Auftritt im Beruf und im Privatleben.* Metropolitan 1999

Roetzel, Bernhard. *Der Gentleman. Handbuch der klassischen Herrenmode.* Könemann 1999

Inge Wolff. *Umgangsformen. Ein moderner Knigge.* Falken 1998

Über Selbstsicherheit und Ausstrahlung

Asgodom, Sabine. *Eigenlob stimmt. Erfolg durch Selbst-PR.* Econ 1996

Schur, Wolfgang; Weick, Günter. *Wahnsinnskarriere.* Eichborn 1999

Wlodarek, Eva: *Mich übersieht keiner mehr. Größere Ausstrahlung gewinnen.* Wolfgang Krüger 1997

Über Kommunikation

Cialdini, Robert B. *Überzeugen im Handumdrehen. Wie und warum sich Menschen beeinflussen und überzeugen lassen.* Mvg 1992

Kellner, Hedwig. *Rhetorik: Hart verhandeln – erfolgreich argumentieren.* Hanser 1999

Märtin, Doris; Boeck, Karin. *Smalltalk. Die hohe Kunst des kleinen Gesprächs.* Heyne 1998

Rebel, Günther. *Mehr Ausstrahlung durch Körpersprache.* Gräfe & Unzer 1997 von Thun, Friedemann Schulz. *Miteinander reden. Das »innere Team« und situationsgerechte Kommunikation.* rororo 1998

Walther, George. *Sag, was du meinst, und du bekommst, was du willst.* Econ 1996

Über Kreativität und emotionale Intelligenz

Goleman, Daniel. *Emotionale Intelligenz.* Hanser 1995

Märtin, Doris; Boeck, Karin. *EQ. Gefühle auf dem Vormarsch.* Heyne 1996

Csikszentmihalyi, Mihaly. *Flow. Kreativität. Wie Sie das Unmögliche schaffen und Ihre Grenzen überwinden.* Klett-Cotta 1996.